神道と〈ひらめき〉

葉室頼昭

春秋社

神道と〈ひらめき〉

目次

第四章　遺伝子といのちの神秘……145

神道と〈ひらめき〉

はじめに――原点への旅

私の歩んできた道

私は春日大社の宮司に就任してからいろいろと本を書き続け、『神道の〈こころ〉』などの「神道シリーズ」（春秋社）をはじめとして、二十冊近くを刊行してきました。しかも全ての本が重版され、いまや数十万部の本が全国はもとより、海外にまで広がっております。

これはもちろん私の力でできることではなく、春日の神さまの素晴らしいお導きによってさせていただいていることであり、このように次々と版を重ね、刊行され続けているというのは、現在の出版界では稀れなことであると言われます。

その世界の人々からは、まさに奇跡というのに相応《ふさわ》しい本ではないかなどと言われますが、私もまた自分で言うのはおかしいかもしれませんが、これらの本は神さまのご本だということを次第に実感するようになりました。

今回も、新しい本を書いてほしいという読者や出版社からの希望もあって、『神道と〈ひらめき〉』という題で書かせていただきましたが、先ず「ひらめき」というのは何かというところから、少しお話していきたいと思います。

私は子供のころから頭はよくないし、特にスポーツが上手いというわけでもありませんでしたので、自分はいったい何ができるのかと、小学校のころから思っておりました。けれどもなぜか子供のころから、神さまに近付きたい、神さまの世界を見たいと思い、これならば自分にできるのではないかと思っていました。

なぜそのように思ったのか分かりませんが、その一つに、「何ごとも神さまやご祖先のおかげ。それに感謝しなさい」と常に言っていた、母親の子育てが大きく影響しているのだろうと思います。

けれどもそれだけではなく、何か祖先からの導きがあるのではないかと、子供のころから感じておりました。

そして中学に入学しましたが、当時は戦争の真っ只中でありましたので、日本国中がただ敵に勝つことだけを考えておりました。

学校でも先輩たちから、人生は生存競争であるから、周囲の者に打ち勝つという気持ちで勉強しなければ、人生の負け犬になるということを常に教えられてきました。

しかし私は、神さまの世界には、競争とか、闘いというものはないのではないかと思い、小さいころからの夢である神さまの世界を見るためには、この争う心を捨てなければならないと考えるようになりました。

それ以後、私は人と競争をしたり、闘うというようなことを、一切しないと決意したのです。そしてそのことを先輩に言うと、「お前は人生の敗北者になる」と散々に言われましたが、ではどちらが正しいのか証明してみようと思いました。

私はもともと、勉強はあまり好きな方ではありませんでしたので、学校の成績はいつもビリの方でした。でもそれからは、成績を競ったり、自分のために勉強するのではなく、ただ母を喜ばせるために勉強しようと考えました。

成績がよくなれば、母が喜んでくれますので、その母の喜ぶ姿を見たいという一心で勉強するようになりました。

すると、あれほど嫌いだった勉強が楽しみに変わり、それこそのべつまくなしに勉強するようになり、その習慣が現在でも続いております。

このように楽しんで勉強していると、成績もぐんぐんよくなり、それからは常にクラスのトップの中に入っておりました。

このことから私は、人生というものは自分の欲のために生きるのではなく、自分以外の人の幸せのために生きるのが、本当であると考えるようになりました。

結婚してからも自分のことは一切考えないで、妻や子供たちの幸せだけを考える生活をしてきましたし、医者になってからは、患者さんの幸せだけを考えて治療を続けてきました。

そして、病院を経営するようになってからは、患者さんはもちろんですが、一緒になって病院を支えてくれる職員の幸せを考えるというように、常に自分以外の人の幸せを考えておりました。

そして私は外科医ですが、手術をするにも自分の力でするのではなくて、神さまの導きでさせていただく、そういう手術をしたいとずっと努力してきました。

このような生活をしているうちに、神さまのことをさせていただくと母が非常に喜びますので、診療のかたわら神道の勉強をするようになり、自分でも神職になろうなどとは夢にも思っていませんでしたが、神職の検定試験に合格し、旧官国幣社《かんこくへいしゃ》などの宮司になるための資格を取るようになりました。

そうしているうちに、先ず枚岡神社《ひらおかじんじゃ》の宮司になる運命になり、続いて春日大社の宮司に導かれてきたのです。

自分としては、一度も春日大社の宮司になろうなどと思ったこともありませんし、常識では、日本でも有数の歴史を持つ旧官幣《かんぺい》大社の宮司に、医者である私がなれるはずもありません。

また神職の養成機関である国学院大学や皇学館大学を卒業して、神職の生活を長年行なってきた人でさえ、春日大社の宮司になるということは簡単にできることではないのに、なぜか医者である私が導かれてきました。

これはまさに、神さまやご祖先さまの導き以外の何物でもありません。

生きる原点を求めて

このように私は、子供のころから神さまに導かれる人生を歩み、人の幸せを求める人生を歩むことが真実であるということを、身をもって体験してきましたので、春日大社の宮司に就任してからは、日本の国、日本人の幸せだけを考えて、毎日ご奉仕させていただいております。

ところで、なにごとも神さまのお導きに従うというと、なにか神頼みの、安易な生活のように考える人がいますが、真実は全く逆です。

どんな厳しい環境に出会っても、また、たとえ死ぬような目にあったとしても、神さまのお導きであると感謝することは、不可能に近いことでありますが、それを乗り越え神さまの導きに順応するのが真実の人生であると思います。

私はこれまで、死ぬような目に何度も遭いました。そのような時、小さいころから神さま一筋に生きているのに、なぜこのような厳しい人生を歩まねばならないのかと、神さまに不平や愚痴を言いたくなる時が何度もありました。

しかし、それを言ったら私の人生は終わってしまいますので、その導きに順応するよう、努力することの繰り返しの人生を歩んできたのです。

このように神さまのお導きに従うという厳しい生活しているうちに、自分では気がつきませんでしたが、少しずつ人として進歩させていただき、少しは神さまに近づくことができたのではないかと思えるようになりました。

私はこれまで、日本全国でいろいろなお話をし、またたくさんの本を出版してきましたが、これらは全て私が体験した事実をお話しているのです。

いわゆる宗教に見られるような、説や理論を書いているのではありません。私の本をたくさんの方が読んでくださることに感謝しておりますが、どうか私の言うことを頭（理屈）で理解するのではなく、肌で感じていただけたらありがたいと思っております。

現在の乱れた日本の国を見ていると、つくづく宇宙の、そして世の中の原点を、人々は見失っているということがよくわかります。

宇宙は何のためにできたのか。無数にある星々はいったい何のために存在するのか。そして地球は何の目的のためにできたのか。どうして地球の水の中に生物が誕生し、人間ができてきたのか。

これらはもちろん偶然によるものではなく、確固たる宇宙というか、神さまの知恵とこころの導きであらわれてきていると私は思います。

これからこの世の中の、そして宇宙の全ての原点についてお話し、書いていこうと思います。

この世の中の全てのことの原点を書くと言えば、それは膨大なものになりますが、これから少しずつでも書いて刊行し、私が生きている限り書き続けたいと思っています。

今回のこの本は、その第一冊目でありますので、たくさんの方に読んでいただければ幸いです。

第一章　宇宙の成り立ち

一　ゼロからの世界

ゼロの世界

日本は戦争に負けてから、祖先から伝えられてきた、素晴らしい歴史や伝統を否定して、子供たちに理屈の教育を行なってきたために、現在では多くの人が、物事をすべて理屈で考えるようになりました。

また、物質第一主義になってきたために、この世の中のすべての物事や、いろいろな制度・仕組みなどは、初めから存在すると思うようになりました。

つまり、今の人たちの多くは、この世の中は一からはじまると考えるようになりましたが、私はこの一がいったいどこから、どのようにしてできてきたのかをずっと考えてきました。

そして、このすべてのものが現れてくる根源を、私はゼロの世界といっておりますが、このゼロは何もないという意味のゼロではありません。

この世の中のすべてのものや、現象を造り出す無限の知恵と、エネルギーが充満した世界がゼロの世界であると私は考えております。

科学の進歩によって、この大宇宙は今から一五〇億年くらい前に突然、ビックバンという大爆発によって、現れたということがわかってきましたが、私はこのような大爆発が偶然と言うようなことで起こるはずがない。そして、この広大な宇宙をはじめ無数の星々、地球や人間が何の目的もなく、ただ偶然に現れたなどということは、あるはずがないと思っております。

このようなことから、私はビックバンが起こる前には、神さまの無限の知恵とエネルギーが充満したゼロの世界というものが存在し、神さまの意思によって、この大爆発が起きたのだろうと考えております。

それではこのゼロの世界は、いったいどこにあったのでしょうか。宇宙の外にあったのでしょうか。人間は大きな宇宙があれば、必ずその外に別の世界があるのではないかと考えようとします。

けれども私は、外とか内とかそういうものの存在しない世界があり、そこにゼロの世界があったのではないかと思っています。それは、人間の三次元の知識ではとても理解することも説明することもできない、まさに神さまの世界というのに相応《ふさわ》しい、神秘な世界であったろうと思います。

そしてこのお話をするとよく、それではゼロの世界と言うのは、どのくらいの大きさだったのですかと聞かれることがありますが、現在の科学の知見ではゼロの世界は、野球のボールくらいではなかったかといわれております。

例えば人間の体は、女性が毎月排卵する卵子から現れてきますが、この卵子の大きさからすれば、成人の体は広大な宇宙に匹敵するほどの大きさですので、ゼロの世界が野球のボールくらいの大きさといわれるのも、まんざらうそではないと思います。

また受精した卵子は、十月十日《とつきとおか》お母さんのお腹の中で成長し、赤ちゃんとして出産されるように、卵子の中には人間をつくるすべての知恵や情報が含まれているのです。

このようなことから私は、ゼロの世界というのは卵子と同じで、この大宇宙のすべてを造る神さまの偉大な知恵と、膨大なエネルギーが含まれていたのではないかと考えています。

神さまの意思

いまお話ししたように、人間の体は小さな一個の卵細胞がもとになり、十月十日で人間の体になっていくわけですが、これは卵子の中に人間の体をつくるすべての情報（神さまの知恵）が、遺伝子というかたちで含まれているからこそ、人間ができるわけです。

私は医者として永年、人間の体の仕組みについて調べてきましたが、人間の体は言葉では表現できないくらい神秘的にできており、まさに宇宙の縮図のように思えるほど、人間の体には宇宙のあらゆる仕組みが含まれているのです。

それではなぜ、この広大な宇宙がつくられたのか。それは先ほどからもお話ししているように、ゼロの世界の中には、この広大な宇宙を造ろうという神さまの知恵があることはもちろんですが、ただそれだけではないと思います。

人間という生物をこの宇宙に誕生させようという、神さまの偉大な意思でビックバンが起こり、この大爆発によって広大な宇宙が現れたのだと私は思っております。

そのように考えると、宇宙に存在する無数の星も、決して無意味に存在するのではなく、地球を誕生させるための目的があることがわかってきます。このことについては、これから少しずつお話していこうと思います。

このようにしてこの大宇宙は誕生し、それから一〇〇億年以上たってから地球があらわれ、そこに水ができて、その水の中に生物が誕生し、さらに五〇億年以上もかかって人間があらわれてきたのです。

神さまでも人間を誕生させるのに、一五〇億年という気の遠くなるような年月を費やされているのですから、このゼロの世界に含まれている神さまの知恵は、まことに偉大で神秘的であると思います。

二　ムスビの知恵

ムスビの力

それでは、ビックバンが起きてから、どのようにして宇宙や地球、さらには人間があらわれてきたのか。その歴史について、少しずつお話していきたいと思います。

先ずビックバンが起こり、最初に宇宙に現れてきたのは、ムスビ（結び）の力という、モノとモノとを結びつける、素晴らしい力を持った知恵があらわれました。

これを科学的には中間子《ちゅうかんし》といい、湯川秀樹博士がノーベル賞を受賞したことで知られています。このムスビの力というのは波動ですから、もちろん目には見えませんが、これによって宇宙のすべてのものが形づくられていくのです。

このムスビの力については、後でまた詳しくお話しすることになると思いますが、これはただ物事を結びつけるということだけを、あらわしているのではありません。見えないものの存在を、目に見える現象として、現実に形づくるという素晴らしい力を表現した言葉であり、このムスビの力には摩訶不思議な働きがあるのです。

そして、次に現れてきたのがクォークという波動です。クォークも中間子と同じく波動ですから、もちろん目には見えませんが、このクォークが中間子というムスビの力によって結ばれると、素粒子《そりゅうし》という、これもまた波動があらわれます。

さらにこの素粒子が、ムスビの働きによってさまざまに結びつき、いろいろな性質を持ったくさんの素粒子がつくられ、そしてまたこの素粒子同士が結ばれて、原子という物質の原点があらわれ、宇宙に無数のものがあらわれてくるのです。

このように複雑で神秘的な仕組みを持つ大宇宙の原点は、クォークと呼ばれる波動でありますが、この世の中のすべてのものを造り出すクォークは、実はたった六種類しかないのです。

そして、これと同じことが生物にも当てはまります。すべての生物は、DNA（遺伝子）というものを持っており、人間には約三一億個のDNAがあるといわれていますが、このDNAの原点もまた、わずか四つの塩基《えんき》というものからなり、この塩基の無数の組み合わせで、他の生物には見られない、高度に進化した人間の体はできているのです。

これらはほんの一例に過ぎませんが、この宇宙に存在するすべてのモノの原点は、このように非常にシンプルな構造にできていますが、そこにムスビという、モノとモノとを結びつける、神さまの神秘の働きが加わると、無数の組み合わせができあがり、これによって、すべてのものが形づくられていくのです。

ところでビックバンが起こった時は、およそ一兆度といわれるとても想像もできないような高温になり、そこからいろいろな素粒子があらわれてきたわけですが、時間が経ち温度が下がりはじめると、前にでてきた素粒子は消え、次の素粒子があらわれてくるようになりました。

そして温度がどんどん下がり、しだいに安定してきた時、陽子《ようし》と中性子《ちゅうせいし》という二つの素粒子があらわれ、これが結びの力によって核というものをつくりました。

そしてさらに温度が下がると、今度は核と電子が結ばれて、物質の原点となる原子ができてきたのです。続いて原子同士が結ばれて分子ができ、さらにいろいろなものが造られて、やがて宇宙に無数の星々が誕生してくるわけです。

このように素粒子は元来波動であり、目には見えないものですが、これにムスビの力が加わると、現実にモノが形づくられていくのです。このようにムスビには、目に見えないものを現実のものにする、不思議な働きがあるのです。これは考えればまことに不思議で、神秘という以外のなにものでもありません。

けれども現在の日本では、神さまをはじめ、目に見えないものの存在など信じないという人がたくさんいますが、これはまことに愚かなことだと思います。

いまお話ししてきた宇宙の原点の仕組みを見れば、そのような非科学的な考えが、あらわれてくるはずがないと思います。

そして、このような大宇宙の真理を科学もなにもない昔に知っていたのが、日本人なのです。そんなばかなという人がいるかもしれませんが、日本で最初に書かれた歴史書である『古事記《こじき》』には、ゼロの世界からはじまる宇宙の成り立ちが書かれているのです。

なぜ日本人が、科学もない時代にこのような真実のことを知っていたのでしょうか。私には不思議でなりません。

『古事記』について

『古事記』「神代巻《かみよのまき》」の最初には、次のように書かれています。

「天地《あめつち》の初発《はじめ》の時、高天原《たかまがはら》に成りませる神の名は、天之御中主神《あめのみなかぬしのかみ》、次に高御産巣日神《たかみむすびのかみ》、次に神産巣日神《かみむすびのかみ》。此の三柱の神は、並独《みなひとり》神《かみ》成り坐《ま》して、身を隠したまひき。」

この高天原というのが、私が言っているゼロの世界と同じで、ここに大宇宙を造る偉大な知恵と、エネルギーをもたれた天之御中主神が誕生されたということが語られており、続いて先に述べましたように、ムスビの神さまがあらわれたと記されています。

このように『古事記』の最初の部分には、現在科学で明らかになった、ビックバンから宇宙が現れたということが、そのままあらわされているのです。

ところで、『古事記』といえば多くの人が日本で最も古い、文字で書かれた歴史の書物だということを知っております。

しかし、いま伝わっているこの『古事記』は、正しく原初の姿を伝えてはいないと思います。

それというのも、いまの『古事記』は、千三百年ほど前に太安万侶《おおのやすまろ》という人が、稗田《ひえだの》阿礼《あれ》という語《かた》り部《べ》の言葉を聞き、それをシナ（中国）から入ってきた文字を使って、書きあらわしたものだからです。

つまり、『古事記』の原初の姿は文字で書かれたものではなく、人から人へと口伝えによって語り伝えられてきたものなのです。

そして、『古事記』の原点というのはいつの頃かわかりませんが、遥か昔に神さまが音声で詠《えい》じだされたものだといわれています。

詠じるというのは、高く低くうねるようなメロディーを帯びた音声であると言われますが、残念ながら今の日本人には、どのように発声したら詠じることになるのか、正確には誰にもわかりません。

けれどもそのおぼろげな形は、宮中で毎年正月に行われる歌会始の朗唱に、そのメロディーが伝えられていると言われております。

このようなことから、『古事記』は恐らく歌会始の朗唱のように、ただ普通の言葉として伝えられてきたのではなく神さまのお言葉として、それこそ神代の昔から代々、大切に詠じられながら伝えられてきたのが、その原点の姿であると思われます。

その神さまのお言葉に、今から千三百年くらい前の奈良時代に、シナから入ってきた漢字を当てはめたものが、現在の『古事記』なのです。

ところが、太安万侶によって『古事記』が漢字で書き表されるようになると、人々は『古事記』の原点を忘れ、文字を解釈するようになったために、『古事記』のもともとの姿である神さまのお言葉は、だんだんとわからなくなってしまったのでしょう。

ですからもう一度原点に返って、『古事記』に書かれた漢字の意味を解釈するのではなく、声に出して詠じるようにすれば、神さまのお心を肌で感じられるようになるのではないかと思うのです。

そのようなことを、酒井利行氏も言っておられますが、私もこれが真実ではないかと思います。

そしてまた、現在では物事をすべて理屈で理解しようとしますが、頭でいくら考えてみても、物事の真実の意味はわかりません。

『古事記』を声に出して詠じることによってはじめて、神さまのお心を肌で感じられるように、真実の意味を知るためには、そのものの原点に立ち返ることが大切だと思います。

我々が子供の頃は、毎日のように母や祖父母が、昔のおとぎ話を語ってくれました。そして何度も何度も同じ話を聞いているうちに、日本人が伝えてきた素晴らしい歴史を、子供たちは肌で知っていったのだろうと思います。

それを最近は本を読むのもただ、目で文字を読むことだけしかしませんので、日本の真実の伝統が失われてきたのだと思います。

繰り返しになりますが、『古事記』はもともと神さまのお言葉ですから、宇宙の出来る原点が述べられていても、なんら不思議なことではないと思います。

そして『古事記』の冒頭に、ムスビの神があらわれたと記されているのは、科学的に見ても驚くべきことであり、私はこのような神さまの声を聞くことのできた日本人の祖先は偉大だと思うのです。

私たち日本人の祖先は、『古事記』に述べられている神さまのお言葉に従って生き、そのようにして、我々日本人および日本の国は造られてきたのではないでしょうか。

それなのに戦後の人たちは、日本の過去の歴史はすべて戦争につながる悪いものであると否定したために、美しい日本の伝統・文化は失われ、現在のような乱れきった姿に堕ちたのではないでしょうか。

日本人とムスビの神

ところで、ムスビの働きというのは前にも述べましたように、ただモノとモノをくっつけるというだけではありません。目に見えないものを、物質や現象として現実にこの世界に形づくることなのです。

けれども、目に見えないものを物質や現象として形づくるためには、先ずモノや現象を造ろうという心がなければなりません。

湯川博士は中間子理論という、素晴らしい物事の原点について述べられましたが、これもただ素粒子を結びつけるものを、理論的に発見されたというのではないと思います。おそらく博士は宇宙の最初に、原子という物質の最小単位を作ろうという心があることに気づかれたのではないかと思います。

そして、その不思議な力によって中性子と陽子という素粒子が結ばれて核をつくり、さらに電子と結ばれて原子がつくられたのだと考えられたのです。そして、その不思議なモノとモノとを結びつける力を、中間子と名付けられたのではないかと思うのです。

『古事記』の最初にはこのムスビの神の働きによって、この世の中のすべてのものが現れてきたと記されており、中間子理論とまったく同じことが語られております。

湯川博士が中間子理論を発見されノーベル賞を受賞したといえば、誰でも原子物理学という科学の話だと思うでしょう。

けれどもそれとまったく同じことを、日本人の祖先がムスビの神と表現すると、それは宗教であるとか神話であるとかいい、そのような非科学的なものは信じない。いまの科学の世の中に、日本人の祖先が伝えてきた神さまなど信じないという人がおりますが、これはまことに愚かなことだと思うのです。

いまお話したように中間子というのとムスビの神というのは、まったく同じことであり、日本人の祖先はこのすべてのものを形づくる宇宙の働きを、理屈ではなく肌で知っていて、これを神さまとして尊び、それに順応する生活をしてきたのです。

考えてみれば我々の祖先は、まことに科学的な生活をしてきたのではないかと思います。

それなのに、なにか神さまというと、宗教であるとか、非科学的であると考えるようになった戦後の日本人の姿は、この宇宙を創造された神さまや、それを伝えてきた祖先の力を冒瀆《ぼうとく》することではないかと思います。

ですから、宇宙のこの神秘的な働きを神さまとして拝んできた、素晴らしい日本人の生活の原点を、どうしても子どもたちに伝えていかなければならないと思うのです。

ところで、「むすぶ」を漢字で「結」と書きますが、これは「ゆう」とも読みます。例えば、結婚の時に行われる「結納《ゆいのう》」は、両家を結びつけるために行なわれます。

また、日本人は古来から夕方を非常に神秘的なものと考えて、夕日を素晴らしく美しいものとして拝みます。日本語の原点である大和言葉では、この夕《ゆう》も、先ほどの結《ゆう》と同じ意味であり、夕方の「夕」は、昼から夜へ結ぶ姿をあらわしているのです。

つまり、夕方は昼ではありませんが昼の姿も含んでおり、また夜ではありませんが夜の姿に少しずつ移り変わっていくのです。

このように私たち日本人の祖先は、昼を夜の世界に形づくっていく夕方に神のムスビの力を見て、夕日を拝んできたのではないかと思います。

また、お米を炊くとおいしいご飯になりますが、これを手で結ぶと「オムスビ」になります。

お茶碗で食べるご飯も手で結んだオムスビも同じご飯でありますが、ご飯を結ぶことで、お茶碗で食べるご飯とはまた別のおいしさが現れてくるのです。これもまた素晴らしいムスビの力の現われなのです。

また、言葉を話すことを「云《ゆ》う」といいますが、これもまたムスビです。言葉を話すというのはもともと、心の波動を相手にたいして「放《はな》す」ことであり、それを相手が受けて、またこちらに言葉を返しお互いが結ばれる。これを「云う」といったのではないでしょうか。

ですから現代のような一方通行の言葉は、本来の言葉ではないと思います。

いつでしたか、関西漫才界の第一人者であるいとし・こいし師匠が、「漫才とは二人の会話をお客さんに投げて、またお客さんからそれが帰ってくるのが漫才である。だから一方的な二人の会話は漫才ではない。そして漫才は元来言葉の芸であるから、体で大げさな動作をしたりするものではない」と言っておりました。

さすが名人といわれる漫才の師匠は違うなと感心し、それが真実ではないかと思いました。

このように考えて行くと、大宇宙に存在するすべてのものはもちろんのこと、毎日の生活もすべて、このムスビの力でできていることがわかります。

結婚とムスビ

例えば結婚も男と女が神さまのご縁によって結ばれるといいますが、これもただ二人が一つ屋根の下に生活するということだけではありません。

夫婦というものが形づくられ、それによって子どもが生まれ、祖先から伝わってきたいのちを子どもに伝えていくことが真実の結婚であり、ここに男女が結ばれるということの本当の意味があると思います。

現在のように、ただ一時的に愛したというだけで結婚し、愛がさめるとすぐに離婚するなどというのは、まさに神さまのムスビの働きを冒瀆《ぼうとく》した姿だと思います。

結婚というのは、神さまの真実のご縁によって男女が結ばれることであり、一生涯、夫婦で共に生活し、子どもにいのちを伝えていくことなのです。このことをどうしても、現代の若い人たちに伝えていかなければならないと思います。

また後で、遺伝子のお話を述べたいと思いますが、一つの卵子が受精して分裂して、たくさんの細胞が現れてきますが、それがどのようにして人間の体になっていくのか、まことに不思議なことです。

一個一個の細胞の中には人間の体をつくる情報が、すべて遺伝子の中に含まれておりますが、この小さな遺伝子の中に誰が人間の体を形作る情報を刻み込んだのでしょうか。

それだけでも、とても考えられない神秘的なことだと思います。

そしてさらに、一つの細胞が人間の体に形づくられていく過程、つまり一個の卵細胞が目や耳や口や鼻、肺や心臓さらには胃や腸など、別々な臓器に作られていく。そして、それらすべてのものが調和することによって、我々は生かされているのです。

こうしたことから考えると、ムスビの力がなければ、人間の体など、到底できるはずがありません。

これだけを考えても、我々の体は神さまの素晴らしいムスビの力によって誕生し、生かされていることがわかると思います。

これを私たちの祖先たちは体で知っていて、神さまや祖先たちに感謝してきたのです。しかしながら、現代の人の多くは、自分の力で生きていると思っています。ここに日本の現代の乱れきった姿の原点があるのではないでしょうか。

三　「ひらめき」の真実

ひらめきと波動

世間では、普通では考えられないようなことが頭にひらめいたり、神さまの声が聞こえるというと、その人は霊感があるとか、なにか特別な能力を持っていると考える人が多いのですが、私がここでいうひらめきとか、神さまの声が聞こえるというのは、それとは全く別のことです。

私はよく神さまの知恵や、お導きというものを、肌で感じることがありますが、これは神さまが人間の話す言葉で、私に語りかけられるわけではありません。

ところで、宇宙を形成する知恵、時の流れ、また神さまのムスビのこころなどは、すべて目には見えない波動でできています。

この宇宙からの波動を肌で感じとり、その情報が脳に伝わってはじめて、真実の言葉や考えとなって現れてくるのだと思います。

いつもお話しているように、皮膚と脳は同じ外胚葉性《がいはいようせい》の細胞組織でできた臓器であり、もともと同じものでありますから、皮膚で感じたことがそのまま脳に伝わり、現実の言葉や考えに形作られるのでしょう。

これは放送局から送られてくる電波をテレビが受け、それを映像として画面にあらわすのとよく似ていると思います。

テレビがどのようにして画像を映し出すのか、私は機械にあまり詳しくないのでよくわかりませんが、昔読んだ本の中に面白いことが書かれておりましたので、それを少し紹介したいと思います。

それは、ある人が無人の部屋でテレビのスイッチを入れても、その画面には何も映っていない。これを人間が見ることによってはじめて、現実の姿が現れてくるのである。

だからテレビの機械は、放送局の電波を人間の脳が現実の姿に表すように電波を変えているだけと言いました。

するとと別の人が、そんなばかなことはない。テレビは人が見ていても無人でも、スイッチを入れれば画面が現れるはずだ。もし、人がいないと何も映っていないのであれば、誰もいない部屋に置かれたテレビの画面を、無人のビデオカメラで写せば、何も映っていないことが証明されるであろうと考えました。

そして実際にこれを試みたところ、カメラのフィルムには何も映っていないのですが、それを人間が見る時点で画像として現れてしまうので、結局無人の部屋のテレビに何も映っていないことを証明できなかったという話です。

それを読んでなんだか頭がおかしくなったような記憶がありますが、これは真実のことかもしれません。

先ほども述べましたが人間の脳というのは本来、宇宙の波動というか、神さまの知恵を感じ、それを現実の姿に現すことができるのです。

そして、こうした神さまの波動は誰でも受けているのですが、これを現実の言葉や考えに現すことができる人は非常に少ないのです。

「論理と情緒」

これに関連することを以前、お茶の水女子大学の数学の教授である藤原正彦氏が、「論理と情緒」というエッセーの中で話されており、そのことを『神道〈徳〉に目覚める』に書きましたが、改めてその部分をご紹介させていただきます。

勉強というのは一生続けるもので、断片的な知識というのは、なんの役にも立たない。東大のある数学の教授の話で、数学というのは世の中の変化とか、社会情勢にまったく関係ない。鉛筆と紙さえあれば、どこでもできる学問で、これがいちばんわかりやすい。しかし、数学者で計算だけやっていて、ノーベル賞をもらうようなすばらしい問題を解いた人は一人もいないそうです。みんなひらめきがあったというんです。そのひらめきに真実が出てくる。

ひらめきというと、いかにも霊感のようなことを思う人がいるけれど、そうではなくて、ずっと一生のべつまくなしに勉強をし続けると現れるのですね。だから、そういう学者というのはすごいのです。

たとえばわれわれの学会でも、たいてい八時ごろから始まって、十時ごろティー・タイムがある。みんな廊下へ出てお茶を飲んで、それからまた始める。そして昼飯になって、また午後に始まる。どこの学会でもそうです。

ところが、そういう学者は休まないんですね。人がご飯を食べていても勉強をしているというのです。それは、勉強が楽しいからだというのです。のべつまくなし勉強している。だから、勉強というのは楽しくないとだめなんです。

それから、明るくなければだめです。ねくらではだめなんですね（笑）。未来に希望を持って絶えず続ける。それを何十年もやっていると、必ず最後にひらめくというのです。そこに真実が現れてくるというんですね。

これも以前に話しましたが、岡潔という奈良女子大の先生で文化勲章をもらわれた数学者がおられます。岡先生はのべつまくなし、塀だろうと壁だろうと何だろうと、歩きながら計算していたといいます。

それが文化勲章をもらうようなすごい問題に取り組んだときに、どうしても解けない。夏で暑いから、北海道大学の一室を借りてやったそうです。ところが、眠くてしょうがないから、昼寝ばかりしていた。それで、眠狂四郎というあだ名が付いたそうです。

結局ぜんぜん何も解けなく、こちらの授業が始まるし、しかたないから帰ろうと思って、北海道から汽車に乗った。ステップに片足をかけた瞬間にひらめいた。それで、その問題が解けたといいます。

その時どうしてひらめいたのですかと聞いたら、花はきれいだ、と思ったそうです。それは、数学だけやっていたのでは解けない。数学とはまったく違う、花がきれいだなという気持ちになったときに、はじめてひらめいたというんです。

神さまに導かれて

ひらめきとか、神さまの声が聞こえるということについて、自分のことを言って申し訳ありませんが、私は子どもの時から神さまの世界を見たい。神さまに近付きたいと考えてきました。

そして、どんなに厳しい状態に陥ったとしても、与えられた現実を全力で努力し、後は全て神さまのお導きに従うという生活をしてきました。

このことは前にもお話ししましたが、私は医者をしていたころ、手術をする時は自分の力で手術をするのではなく、神さまのお導きに従った無我の手術をさせていただこうと、ずっと努力してきました。

また、宮司に就任してからはもちろん、毎日神さまのお導きに従い、ただ神さまの喜ばれることだけを行ない、自分のことなど微塵《みじん》も考えたことがありませんので、多くの人々よりは我欲がなくなり、少しは神さまに近づけたのではないかと思います。

このような生活を永年続けてきましたので、肌で感じた神さまの波動がすぐに脳に伝わり、神さまのお言葉を真実の言葉、あるいは考えに、あらわすことができるようになったのではないかと思うのです。

もちろんいつもできるわけではありませんし、また百パーセント真実の考えを受けることはできませんが、時々は実行できるようになりました。

余談になりますが、日本語の「ひらめく」という言葉は、実に不思議な言葉だと思います。神さまの波動を感じてある考えがひらめくことを、日本語では「ひらめく」という言葉であらわします。

これを英語では「インスパイア」といいます。また、旗が風にゆらめきひらめいていることを、日本人は先ほどと同じ「ひらめく」という言葉であらわします。これを英語では「フラップ」といいます。

日本語では考えが頭に浮かぶことも、旗が風に揺れるのも同じ「ひらめく」という言葉であらわしますが、どうして英語ではこれを別々の言葉で言いあらわすのでしょうか。

それは、英語を話す人々の場合、物事をすべて対立で考えますから、状態を見てそれに当てはまる言葉を作り出します。これに対して日本人は、状態をそのまま言葉として表しているのです。

つまり神さまの波動を肌で感じることも、旗が風でゆらゆら揺れているのも、どちらも神さまのお心や風に逆らわずに、それに従っている姿でありますから、これを「ひらめく」と表現したのではないかと思います。

ここに相手と一つになり相手の立場で物事を考える、日本人の共生の生活から出てくる素晴らしさがあるのではないかと私は考えています。

これもまた後で詳しく述べますが、生物の細胞の分子はまさに波動、ひらめきの運動をしており、モノの分子とは全く違う動きをしているのです。

このようなことから考えると、日本語の「ひらめく」という言葉は、世界でも稀なる神秘な言葉であり、宇宙の真実を現しているのではないかと私は思います。

ひらめくというのは、なにも特殊な能力を持った人だけの話ではありません。大変難しいことではありますが、我欲を捨てて、すべて神さまのお導きに従うという人生を一生涯続けていけば、誰でも神さまの声がひらめいてくるものなのです。

ですから、子どもたちには、夢を持って一生涯続けることが大切なのだということを、ぜひ伝えてほしいと思います。

大祓詞とひらめき

以前に『大祓　知恵のことば』に書きましたが、大祓詞はいつの頃かわかりませんが遥か昔に、藤原氏の前身である中臣氏《なかとみし》の誰かが、神さまのお言葉を肌で感じ、そのひらめきによって現れてきた神さまの真実のお言葉だと言われております。

それが文字としてあらわされるようになったのは、九百年くらい前のことだと言われています。それより前は、大祓詞も『古事記』と同様、語り伝えられてきたのでしょう。

私はこの本を書いているうちに、中臣氏の誰かがどのようにして大祓詞をひらめいたのか、わかるような気がしました。

おそらく、その中臣氏の祖先は、霊感とか特殊な能力があったのではなく、永年神さまと一つになる無我の生活をしてきた結果、神さまのお言葉がひらめいてきたのだろうと思います。

このように大祓詞は、神さまのお言葉だからこそ現在まで絶えることなく続き、今でも日本全国の神社で毎日のように唱えられているのです。これがもし、神さまのお言葉でなかったら、とうの昔に消えてしまっているでしょう。

「ひらめく」というのは、このように現れてくるのであって、簡単に出てくるようなものではありません。

また、神さまのお言葉は、その意味を考えたりすると、そこに理屈が現れてきます。そうすると、もう神さまのお言葉でなくなってしまうのです。大祓詞というものは、ただ無我になって、素直な気持ちで唱えることが大切なのです。

大祓詞というのは、無我になって一日中何度も何度も唱え続けているうちに、自分では気が付かなくても、少しづつ罪・穢れが祓われ、清められていくものなのです。

今回、この本を書いている中でも、いろいろなことがひらめいてきましたので、私はそのひらめきのままに、この本を書いてきたのです。ですから、この本を理屈で読むのではなく、素直にそのまま読んでほしいのです。

そうすれば、世の中の真実というものが肌で理解することができるのではないかと思います。

後で「笑い」のお話をしますが、真実の笑いというのは、人を笑わせようとしてできるものではありません。素直に世の中の真実を語るとき、おのずと笑いが現れてくるのです。

第二章　地球の誕生

一　地球誕生の神秘

その誕生の謎

この大宇宙は神さまの知恵と、膨大なエネルギーによって爆発し、形づくられてきましたが、そこには先ず地球上に人間を誕生させようという神さまのお心、知恵があったのではないかと思います。

こうしたことから、宇宙の最初に中間子が現れたのも、素粒子が出てきていろいろな原子・分子がつくられたのも、すべて神さまが地球上に人間をつくるという目的のために、現れてきたのではないかと思うのです。

また宇宙には無数の星が存在しますが、この無数の星が誕生し、星たちがお互いにバランスをとらなければ、地球は誕生できないのです。

このようにビックバンが発生し、宇宙が膨張しはじめてから、一〇〇億年以上もたって地球が誕生したわけですから、この一〇〇億年という気の遠くなるような宇宙の歴史は、すべて地球を造るための過程であろうと思います。

ところで現在、世界中の宇宙物理学の学者が、地球がどのようにしてできたのかを、いろいろな方面から研究しています。

その結果、地球は太陽の近くにあった大きな星が爆発し、そのかけらがたくさんの小さな惑星となって、太陽の周りをただよっているうちに、その小さな惑星と、宇宙をただよう塵やガスが集まって、地球ができたのであろうと考えられるようになってきました。

そして現在、その原点となる小さな惑星が、どのような性質の岩石からできていたのかを調べる研究が、各国で進められています。

例えばアメリカの航空宇宙局（NASA）では、無人のロケットを飛ばして研究していますし、また日本でも、「はやぶさ」という無人の探査機を、火星の近くにあるイトカワという小さな惑星（日本のロケット研究の第一人者である糸川英夫教授の名前から名づけられた惑星）に飛ばし、その岩石を採取して日本に持って帰るという、世界で初めての試みがなされております。

そしてそれが成功したとか不成功に終わったとか、新聞やテレビなどでいわれていますが、このように地球の元となる岩石の研究が、世界中で進められているのです。

こうした研究が地球の誕生を知る上で、非常に大切なことではありましょうが、私は宇宙の成り立ちから考えて、この地球が単に岩石が集まってできたのではないと思います。

繰り返しになりますが、そこには先ず、地球上に人間を誕生させようという、神さまのお心（知恵）と、ムスビの力が働かなければ、地球はできないだろうと思うのです。また、地球が単なる岩の塊《かたまり》でできているならば、地球上に人間が誕生することなどないと思います。

そこで、人間を誕生させるための神さまの知恵が、どんなに素晴らしいかを、ここで少しお話してみたいと思います。

地球と太陽の関係

先ず、太陽と地球との距離ですが、これは現在の距離よりも近くても遠くても、人間は誕生しないのではないかと思います。

また地球の大きさもそうで、これも偶然にできたのではなく、ムスビの神さまの知恵によって、現在の大きさの地球ができたのであろうと思います。

また、地球は自転しながら太陽の周りを回っていますが、地球の軸が太陽に対して直角ではなく、少し傾いているのです。これもまた非常に重要なことで、このことから地球の北半球や南半球に季節の変化が現れてくるのです。

日本列島はちょうど北半球の中央付近にあるため、この地球の回転と軸の傾きによって、春・夏・秋・冬という季節の移り変わりが、特にはっきりと現れるようになり、さらに日本は島国であるということなどから、日本人は素晴らしい進化をしてきたのだと思います。

例えば夏は食糧は豊富ですし、着るものも少なくて過ごせますが、夏と冬との気温差が大きいので、冬になれば厳しい寒さを防ぐために衣類が必要になり、これによって日本人の衣類が発達してきたのです。

また冬になると食糧が不足しますし、また日本列島には、大陸のように食糧となる大型の動物もあまりおりませんので、自然から採れる野菜が主食となり、冬を迎えるためには当然、夏に収穫した野菜を貯蔵しなければならないのです。

このようなことから日本人は、世界で初めて縄文式土器といわれる土器を作り出し、その中に食糧を蓄えるようになりました。当時どのようにして食糧を蓄えたのか、もちろん詳しいことは分かっておりませんが、おそらく海から取れる塩を使って腐敗を防ぐことで、食べ物を長い間貯えることができたのだと思います。

それが漬物として現代まで伝えられ、つい最近まで各家庭には主婦が漬ける漬物があり、それぞれ特徴ある味の漬物が存在しました。このようなことから、海水から塩を取る製塩の技術も発達してきたのです。

こうした季節に順応した生活することによって、日本人は大きく進化したのではないかと思います。

次に着る物ですが、外国では動物の肉を食べる習慣から、その毛皮を衣類に利用することが多いのですが、日本には大きな動物が少ないので、綿や麻などの繊維、そして蚕《かいこ》の繭《まゆ》などから着物を作るということなどから、日本の着物は発達してきたのだと思います。

このようなことから、日本人は昔から着物を作る原料となる布や紙というものを、非常に大切なものと考えるようになり、現在でもこれらのものを神さまにお供えしたり、罪・穢れを祓うものとして、大切に使っているのです。

ところで、お祭りの時に神さまに差し上げる神饌《しんせん》の原点は、お米と水と塩にあります。これも日本列島という気候や風土に順応することから得た、日本人の知恵ではないかと思うのです。

また後で詳しく述べますが、私たちの祖先は水というものを非常に大切にし、そのために山に神さまを祀《まつ》って、山から湧き出る神聖な水を守ってきたのだと思います。そのあらわれが、神饌の水だと思うのです。

月といのち

そしてまた月が存在するということも、人間の誕生にとって大切なことであり、月の大きさ、また地球との距離、そして月が二十八日で地球を一周するということも重要な意味があるのです。

月の地球に対する引力が生物にとって重要であるということは、多くの人が知っていることと思います。例えば海が満潮になったり、干潮になったりする潮の満ち干も、もちろん月の影響です。

また、二十八日の周期で月が地球の周りを回るということが、女性の生理の周期と同じというのも、偶然ではないと思います。現在でも月の周期の真ん中に当る満月の時期と、メスの排卵の時期が一致する生物はたくさんいます。

例えば、海の中にいる珊瑚《さんご》は、満月になると無数の卵を排卵し、子孫を作るといわれておりますし、また満月の日にしかセックスを行なわない生物もたくさんおります。

人間も昔はそうであったのだろうと思いますが、現在はその原点も失われてしまっています。けれども、秋の十五夜の夜に、ススキや団子を供えて月を拝む習慣は、満月の日が排卵日であり、その日にセックスを行なうことによって子孫を作ってきた、その名残りではないかとも考えられます。

また、かぐや姫の物語など、満月に関するおとぎ話もたくさんありますが、これらは皆このような特別な日にまつわる、自然の知恵というものを伝えているのではないでしょうか。このように月というのは、私たちの生活の中で重要な役割をはたしていると思うのです。

また太陽の周りには、火星、木星、土星、天王星など多くの惑星があり、地球の誕生と同じ頃に生まれたといわれておりますが、これらの星も無意味に存在するのではなく、そこにも神さまの素晴らしい知恵が働いていると思います。

宇宙には無数の星があり、その間をたくさんの小さな惑星が飛んでいます。このようなものが地球に衝突すれば、地球のような小さな星は吹っ飛んでしまいます。

けれども地球の近くにある木星や土星などの大きな星が、その引力によってそれらの星を自分のほうに引き付けてくれますので、小惑星が地球に衝突しないですむのです。

これもまた素晴らしい神さまの知恵ではないかと思います。これらはほんの一例に過ぎませんが、地球上に人間が誕生したということは、まさに奇跡というのに相応しい、実に神秘的なことなのです。

今お話してきたことで、ビックバンによって宇宙が始まってから、約一五〇億年という気の遠くなるような時間と、神さまの無限ともいうべき神秘な知恵の結果、人間が誕生したということが、お分かりいただけるのではないかと思います。

そしてまた、現在我々が生きているということが、どんなに神秘的なことなのか。そして、いのちというものがどんなに大切なものかということが、お分かりいただけると思うのです。

そうであれば、現在の人たちが行なっているようないのちを粗末にしたり、人を殺したり、また利己的な我欲の生活など、できるはずもありません。

私がこの『神道と〈ひらめき〉』の本に、宇宙のいろいろな原点の仕組みについてお話していることも、皆さんにいのちの大切さを知ってほしいからなのです。

闘わない・争わない世界

話は変わりますが、人間誕生のいのちの神秘さや大切さということと、現在の日本で言われている戦争反対ということに関して、ここで少しお話してみようと思います。

毎年八月になると、広島や長崎の原爆の話が新聞やテレビなどで取り上げられ、原爆の被害を受けられた方々の無残な姿が報道され、原爆反対、戦争反対という声が報道されます。

また、戦争のいろいろな悲惨なことが伝えられ、若い戦争を知らない人たちに、戦争のむごたらしさを教えるということが盛んに行なわれます。

これも大事なことであり、二度と戦争などすべきでないと人々に訴えることは大切ですが、私はこれとは違った視点から、戦争の反対といのちの大切さを説きたいと思うのです。

この本のはじめにも書きましたように、私は子供の時から、神さまの世界には争いや闘いなど存在しないと考えて、人と競争をしたり闘うということをしない生活を、自分でしてきたのではなく、神さまにさせられてきました。

このような生活を永年行なってきた経験から、闘いや争いということについてお話してみたいのです。

私はもちろん戦争など二度とおこしてはならないと思いますが、戦争のむごたらしさを伝え、戦争反対と叫んでいるうちは、まだ戦争というものの存在を認めているのではないかと思うのです。

神さまの世界には戦争などありませんので、戦争に反対するのではなく、認められないのです。そのような生活を続けていると、闘いという言葉を聞いただけでも、体が拒絶するようになるのです。

私は日本の戦前の戦争映画など二度と見る気もありませんし、人が争ったり、傷つけあうようなニュースなど聞きたくもありません。

よく政治家や文化人といわれる人が、「平和を勝ち取るまで断固闘う」などと言いますが、どうして平和のために闘い争わなければならないのか、私はいつも不思議に思うのです。

よく医学の方でも、「闘病」といって、病気に負けないで病気と闘うというお医者さんや一般の方がおりますが、私としては、なぜ病気と闘わなければならないのかといつも思うのです。

病気は決して、闘って勝たねば健康になれないというものではありません。そうではなく、本当の健康というのは、神さまは病気というものをつくっておられないという真実を知ることではないかと思います。

このようなことを言うと、医者のくせに何ということを言うのかと叱られるかもしれませんが、私は医者として決して病気と闘ってくださいなどと、一度として患者さんに言ったことはありません。

そうではなく、常に神さまやご祖先さまに感謝しましょうと、病院で毎日患者さんとお祈りをしてきました。そのようにすることで、常識では考えられないような、いい結果が現れ、健康な幸せな身体に回復される患者さんがたくさん現れました。

戦争のむごたらしさを教えて戦争反対を伝えていくのも一つの方法ではありますが、私はこの世の中に、神さまは闘いや争いというものをおつくりになっていない、ということを伝えることも、戦争反対の大きな力になるのではないかと考えております。

二　いのちをはぐくむ水の誕生

神秘な知恵のはたらき

地球が単なる岩の塊ではなく、今から約三十八億年くらい昔に地球の水（海の水）の中に生命が誕生したと言われておりますが、ではその水はどのようにして地球に存在するようになったのか、その水の原点について、お話してみたいと思います。

水がいつごろ宇宙にできたのか、はっきりしたことはわかっておりませんが、水の分子の構造をH_2Oとあらわすように、水素原子二個と酸素原子一個が結びついてできるものでありますから、宇宙に存在する無数の原子や、分子を作り出す大宇宙の知恵からすれば、水を作るということは格別難しいことではないと思います。

そして、いつもお話ししているように、この水というものは偶然にできたものではなく、地球上に人間を誕生させようという、神さまの素晴らしい知恵でつくられたということは言うまでもありません。

けれども、宇宙にできたH_2Oが、どのようにして地球の表面に存在するようになったのか、これがまた難しい問題なのです。

水は誰でも知っているように、温度が下がれば固体の氷や雪になり、常温になると液体の水となります。そしてさらに温度が上ると、気体の蒸気になるというように、水は環境の変化によって固体や液体、さらには気体ともなる不思議な存在です。

いま宇宙に水ができたと言いましたが、宇宙空間は非常に温度が低いので、水はほとんど雪か氷の状態で存在していると考えられております。このようなことから、宇宙には液体の水はほとんど存在しないのではないかと思います。

このことを先ず知っていただかないと、地球に液体の水が存在するということが、いかに神秘な知恵の働きであることか、わからないと思うのです。

水がどのようにして地球に存在するようになったのか、現在の知識では正確にはわかっておりませんが、地球に最初に現れた水は真水ではなく塩水の海水であります。

なぜ最初に海水が現れたのか、後で詳しくお話したいと思いますが、これもいろいろな説があります。

ところで海水は「うみのみず」と読みますが、これはもちろん「生命を産み出す水」という意味があるのです。

英語では海をＳＥＡといいますが、それを日本語では生命が生まれる「うみ」といったところに、日本人の素晴らしい知恵が現れているのではないかと思います。

これから宇宙の水が、どのようにして地球上に現れたかというお話をしますが、その前に、現代の日本人は戦後の理屈だけの教育を受けておりますので、全て理屈でものを考えようとします。そのことが大きな間違いを犯しているということを、ここで少しお話したいと思います。

例えば、オリンピックで金メダルを何個とったとか、そのメダルの数だけで成績が良かったとか悪かったとかいいますが、それがそもそもの間違いだと思います。

金メダルを取るために、その選手がどれだけ厳しい練習をし、いろいろな困難を乗り越えてきたかということを、今の人は少しも考えようとしません。ここに戦後の理屈の教育の、大きな欠点があると私はいつも思っております。

なにごとも目に見える結果だけを見るのではなく、その現象がどのようにして現れてきたのかということを考えることが大切であり、このことが他の動物とは全く違う人間の特徴であると思います。

自然界に見られるいろいろな現象を、単なるものとして見ることは動物でも行なっておりますが、人間はその現象がどのようにして現れてきたのかということを考えてこそ、真実の人間であると私は思います。

それを現在の理屈だけの教育を受けた多くの日本人は、ただ目の前の現象や結果だけを見て、喜んだり悲しんだりしておりますが、これは極端なことを言えば動物と同じだと私は思うのです。

これからいろいろと宇宙の原点についてお話していきますが、すべて神さまの素晴らしい知恵と歴史の結果、現れたのであるということを知っていただきたいと思います。

三　人間と他の生物のものを見る仕組みの違い

平面像か立体像か

眼球の構造は、皆さんもご承知かと思いますが、前面に水晶体《すいしょうたい》という、ちょうど凸レンズの役目をするものがあります。

光はそこを通って、眼球の一番後ろにある網膜《もうまく》に像を結び、それを我々は見ているわけです。

けれども本来、凸レンズでものを見ると、上下左右全く逆さまに映るはずなのに、どうして我々は逆さに映る像を、正しい姿に変えて見ることができるのでしょうか。

それは、生まれてからの生活の経験の積み重ねで、網膜に映った像は、真実の姿とは逆であるということを知り、脳でこれを修正して見ているからなのです。

このように、ものを見るというのは目で見ているというよりは、脳で見ているわけです。ですから、小さな子供が絵本などを逆さに見ていることがよくありますが、これは経験が充分でありませんので、本が逆だということに気がつかないからではないでしょうか。

また、網膜に映る像が逆であるというだけでなく、網膜は平面ですから、ここに映る像は平面であるはずなのに、我々はちゃんと立体的にものを見ることができるのです。

数学的には二次元、すなわち平面の情報を三次元の立体像にすることはできないのですが、人間の場合、網膜で感じた画像の情報が視《し》神経《しんけい》を通って脳に伝わると、脳はあらゆる手がかりを総動員して、高さや奥行きなどを推測し、立体的にものを見ることができるのです。

このことに関して東京大学大学院の村上郁也助教授の面白い記事が、新聞に載っていましたので、それをここで紹介したいと思います。

先ず、ものの奥行きを認識する有力な情報はいろいろありますが、その一つに左右の目が数センチ離れているということです。

このため近くのものと遠くのものとでは、左右で見る像にずれが生じますので、この像のずれから人間の脳は画像の奥行きを推定しているのです。

また電車に乗っていると、近くの家などはすばやく視野の外に出てしまうのに、遠くの山や月はいつまでも自分についてくるように見えます。このように目に映る運動の差も、景色の距離感をつかむ大きな情報の一つとなります。

さらに人間は両方の目だけではなく、そのものの表面のでこぼこによってできる陰や、大気の散乱によって遠くのものがかすんで見えること、また線路の枕木が遠くほど密度が増すように見えることなど、さまざまな情報を利用することで、片目でも立体的にものを見ることができるのです。

動物は網膜に映った映像をそのまま見ていると思いますが、人間は脳が大きくなって進化したために、いろいろな知識や情報を活用し、目に映った像を真実の姿に変えて見ることができるのです。

先ほどの話に戻りますが、オリンピックで金メダルを何個とったかという、表面的なことだけを問題にするのは動物の話です。

人間は金メダルをとるためにその選手がどれだけ練習し厳しい環境を乗り越えてきたかという、金メダルの裏に隠された真実の姿を感じとるのが、本来の人間の姿なのです。

このようなことを言うと怒られるかもしれませんが、日本は戦争に負けてから六十年以上もの間、日本の歴史や伝統を全て否定して、ものごとを理屈だけで考える教育を行なってきたために、今の人たちはものごとを人間として見ることができなくなってしまったのではないかと私は思うのです。まことに悲しむべきことであります。

そこで私は世の中の全ての原点に帰って、ものごとを見なければならないと思い、この本を書いているのです。

これから水のお話をしていきますが、水がどのようにして地球の表面に存在するようになったのか、なぜ我々は水を飲まなければ生活できないかなど、いろいろお話していくつもりです。

そのなかには、ノーベル賞を受賞した研究のお話もたくさんでてきますが、決してその研究の成果だけを見るのではなく、ノーベル賞をもらった学者がどれほど苦労して、これらのことを発見したかということを考えていただきたいのです。

そうではなく私が書く結果だけで満足するのでは、ノーベル賞を得た学者も嘆くことでしょうし、それでは動物の見方ということになってしまいますから、ぜひそのようにお願いしたいと思います。

インターネットと平面の情報

ところで、インターネットを見続けたり、小さい時からテレビゲームなどに熱中すると、人間の脳が破壊されると言われ、現在その危険性が問題になっています。インターネットやテレビゲームの画面というのは、先ほどお話したように平面の像ですから、それを長時間見続けると、平面の像を誤って正しい情報として認識するようになり、人間の脳の特徴である平面の像を立体的な像に変え、真実の姿として見るということができなくなるのです。

このようにして育った子供や若者は、気に入らないとすぐにキレて人を傷つけたり、幼い子供を殺したりするなど、常識では考えられないことを行ない、それにたいして悪いことをしたという反省が見られないなどと、よくニュースなどで取り上げられています。

これは平面の情報を真実の情報と勘違いし、人間としての脳が破壊され、平面の像をそのまま見ている動物と同じようになってしまった結果だと思うのです。

しかしこれは、子供だけの話ではありません。平面的に伝わってくるインターネットの情報を真実であるか間違っているか、いろいろな面から判断して、その情報を取り入れるのであればよいのです。

ところが、インターネットの画面に映る平面の情報をそのまま真実の情報であると考えるようなことを毎日行なっていると、これも立体的にものを見て真実の情報を得るはずの人間の脳が次第に破壊されていくのです。

現在このように人間の脳が破壊された人が、たくさんいるのではないでしょうか。自分では気づいていませんが、これはその人にとっても、また日本の国にとっても大変なことです。物事の表面ばかりを見て、真実の姿を見ることができない人間ばかり増えてしまったら、日本の国は滅びてしまいます。

神さまは人間の脳を素晴らしく発達させ、動物とは違って物事の真実の姿を見るようにされたのですから、私がこの本で述べているように、人間の、そして日本人の原点に返っていただかなければ、日本の未来はありません。そのことを充分に知っていただきたいと思います

アポトーシスと人間の脳

またいつかお話しすることになると思いますが、宇宙にはアポトーシスという法則が、一五〇億年前に宇宙が誕生した当初から厳然と続いております。

このアポトーシスというのは何かというと、この世の中で必要でないものは消えるということです。例えば人間の体でも、細胞が自分は必要とされていないと感じると、消えてしまうのです。

そんなばかなことがあるかと思われるかもしれませんが、例えば病気で長い間寝ていて、病気が回復した後で歩こうと思っても、足が弱ってなかなか十分に歩けないということは多くの人が経験していることでしょう。

これは簡単に言うと、長い間寝ていると、足の細胞の遺伝子が自分たちは必要でないと感じてどんどん消えていって、足が細くなるからです。

これはほんの一例にすぎませんが、体のどの細胞でも自分が必要でないと感じると、消えていくようになっているのです。これは体にとってマイナスの意味しかないように思われますが、じつはこれもまた素晴らしい神さまの知恵の現れなのです。

例えばガン細胞なども、自分が必要でないと思えば消えていくはずです。ところが、人間はガンを認めて、逆にそれを撲滅しようと闘うから、かえってガンは治癒しないのではないでしょうか。

日本人は古来から祓いというものを毎日行ない、神さまの素晴らしい気を体に入れて、不必要なものは消えていくということを行なってきました。

例えば感謝というのが神さまの気です。昔の日本人はアポトーシスなどという医学の知識は全くないのに、祓いを行なって健康で幸せに生活してきたことは、素晴らしい知恵ではないでしょうか。

ところで、脳の細胞も脳を使わなければどんどん消えていきます。例えば、アルツハイマーという、いわゆる認知症になった人の脳は、細胞がどんどん消えて小さくなると言われています。

脳を使うというのは、いったいどういうことなのでしょうか。先ほどの例で言えば、私は物事の現象や結果だけを見るのではなく、目に映った像を立体的に変え真実の正しい姿として見るということが、人間に与えられた脳を使うことだと思います。

ですから、毎日テレビゲームやインターネットに映る平面の像ばかり見ていると、自分では気が付かないうちに、人間としての情緒や感情をつかさどる脳の細胞が消えていくのではないかと思います。

また、若い人たちは携帯電話でメールのやりとりなどをしておりますが、これもまた平面の像でありますので、これも長い時間行なえば、人間の脳の細胞は消えていくのかもしれません。どうか目に映った平面の像だけを見ないで、真実の姿を見ていただきた

目と脳の仕組み

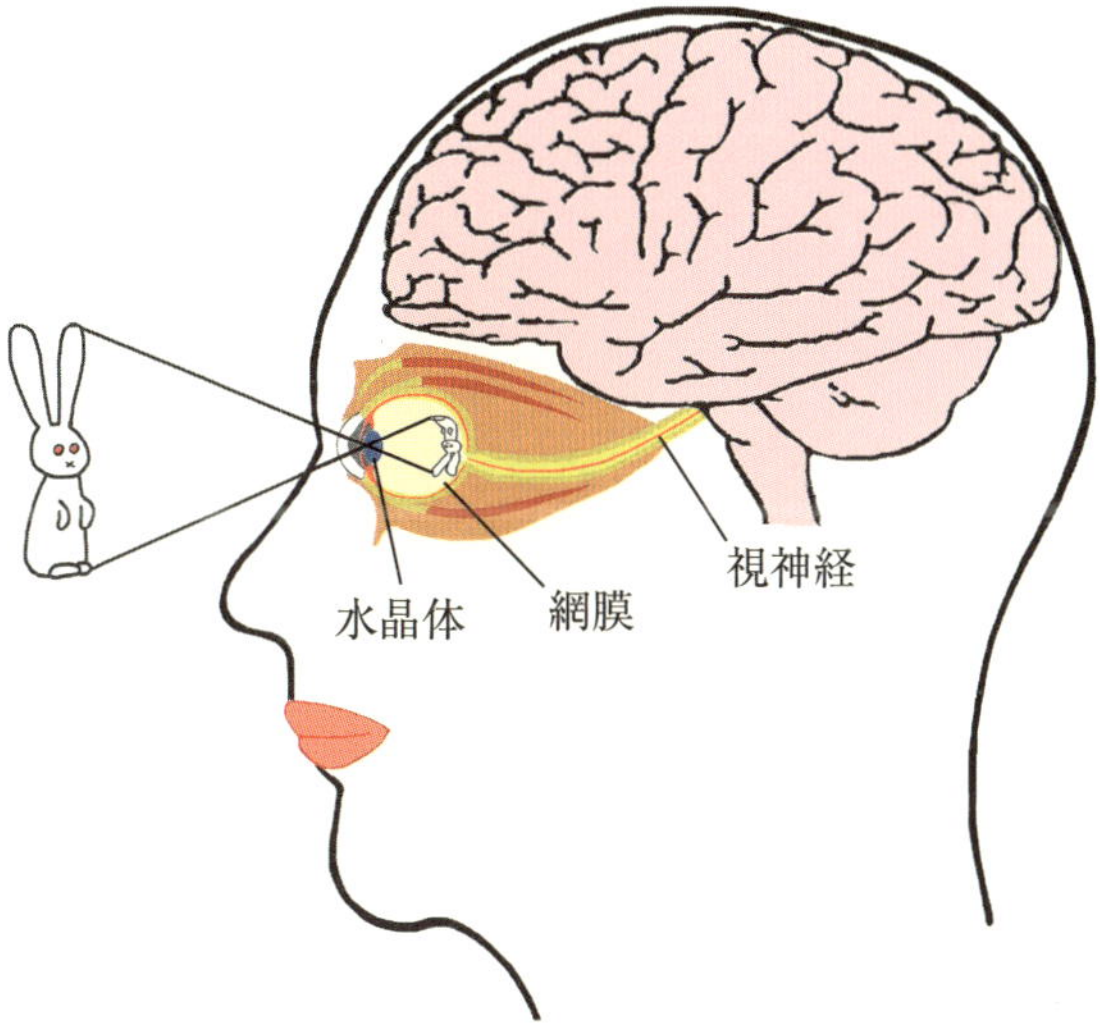

いと思います。

というのも、平面の像を見続けることで、自分では気が付かないうちに、人間としての脳細胞の一部が消えて、動物的な考えになっていくのが恐ろしいのです。そのような人は無意識のうちに、人間でありながら動物的な行動をすることがあるからです。

わたしはそのことを心配しているのです。それというのも、この問題が日本の将来を左右する重要な鍵になるのではないかと思うからです。

四　どのようにして宇宙の水が地球にやってきたのか

原初の海と雪球

ものごとを平面的に、そしてそのまま見るのは動物で、人間は脳が発達したために、平面の像を立体的な本当の姿に変え、真実の世界を見ることができるようになったのです。

あえて言うならば、真実の世界を見ることができるように神さまが進化させて、人間になったわけです。ですから、立体的に真実の世界を見なければ、動物と同じであるということを言っているのです。

それでは、どのようにして宇宙の水が地球にやってきたのかを、お話していこうと思います。

結論から言えば、現在のところ科学的に解明されてはおりませんが、これについていろいろな研究の発表がありますので、その一部を書かせていただこうと思います。

先ず東京大学の田近英一助教授の研究によれば、それによると今から四十六億年くらい前に地球が誕生した直後には、現在のような塩分の溶けた、ある程度の大きさの海があったのではないかということです。

それによると、小さな惑星がぶつかり合って地球ができていく過程で、小惑星の中に含まれていた水蒸気や塩素ガスなどが、しだいに表面に出てきました。

そして地球の周囲に原始大気ができ、地球の温度が徐々に下がっていくと、この水蒸気が水となって地球に降り注ぎました。

この水の中には塩素ガスなどが溶け込んでいますので、強酸性の雨となり、それが地球の表面にたまると、岩石の中に含まれたナトリウムやマグネシウムを中和して、塩分を含んだ海ができたのであろうという説です。

また、地球上の水の約九七・二パーセントを占める海の水がどのようにして増えたのか、これももちろん現在では正確にはわかっておりませんが、それに対する米国の地球物理学者ルイス・フランク博士の非常に興味深い研究がありますので、ここに述べさせていただきます。

博士の研究というのは、宇宙から毎日数千個の巨大な雪球《ゆきだま》が飛んできて、地球に水を供給しているというものです。

博士がこのことを発見したのは一九八二年でしたが、常識ではあまりにも考えられない現象でしたので、博士自身それを信じられず、その後何年もかけて、他のいろいろな可能性を検討したうえで、やっと一九八六年に発表したそうです。

そして博士はこの現象を実証するために、米国のNASAが打ち上げたポーラ衛星に、この雪球を観測するために特別に設計した機械を三つ載せて調査したところ、そのうちの極紫外線カメラ・可視光線カメラが、雪球が大気圏に突入し、高度八千から二万四千キロメートルのところで分裂してバラバラになり、やがて太陽の熱を受けて水蒸気となる様子を撮影することができたのです。こうして博士の発見が正しいことが明らかになりました。

そしてさらに研究が進み、このようにして宇宙から運ばれてくる水の量は、一年間に地球の全表面を、一万分の二・四センチ程度の厚さで覆うだけの量ということが解明されたのです。

たとえ一年間に降る量がわずかだとしても、地球が誕生してから四十六億年もの間、絶え間なく降り注いだとすると、地表を九千メートルの厚さで覆うことができるだけの水が宇宙から運ばれてきたことになり、なぜ地球に水が豊富にあるのかを説明できるというわけです。

また、彗星が運んでくる水（氷）には、いろいろな有機物質が含まれていますから、地球上の生命の原初の物質は、彗星が起源であるということもわかってきたのです。

地球は水の惑星といわれ、その水の中に生命が誕生したのに、これまで水がどこからきたのかわかりませんでしたが、博士の発見で水の大部分は、雪球によって運ばれてきたことがわかってきたのです。

磁気のエネルギーと水の力

けれどもここで考えなければならないことは、小惑星の中に水蒸気が含まれていて、地球ができた頃にある程度の量の海の水があったことや、雪球が水を運んでくるというのは、地球だけのことではなく、他の星でもこのようなことは当然おきているはずです。それなのに他の星には水がないのに、どうして地球だけに表面に水があるのか。私はこの点が一番重要ではないかと思うのです。

これも真実のことはわかっておりませんが、現在考えられていることは、地球の内部構造が他の星とは違うということです。ここにも神さまが地球上に生物を作り、人間を誕生させるという素晴らしい知恵が働いていると思うのです。

地球と他の星の内部構造の違いを詳しく述べると大変ですので、簡単にその違いを説明しますと、地球の内面には他の星とは異なり、外部核というものがあるのです。

この外部核は、アルミニウムやカドミニウム、金・銀などの軽い金属でできている二千から三千度の高温度の液体で、この液体が地球の回転にあわせて、すさまじいスピードで回転しているのです。

このため地球には他の星にはない磁気エネルギーが発生し、これが水を地球上にひきつけていますので、地球の表面に水があると考えられるのです。

地球以外の星にはこの磁力がないために、いくら雪球が宇宙から水を運んできたとしても、その星の表面に留まることができず、どこかに飛んでいってしまうので、他の星の表面には水がないのです。

このように地球というのは、素晴らしい神さまの知恵でできていると思うのです。

そして、地球の内部からのエネルギーと宇宙からのエネルギーが共鳴して、生命のエネルギーが出るわけでありますが、この両方のエネルギーを結ぶものが、水の力ではないかと思うのです。

ビックバンで宇宙が誕生した時、最初に出てきたのは前にも述べましたように、素粒子などを結ぶ中間子の働きで、この中間子の結ぶ力によって、宇宙の全ての物質が誕生してきたのです。

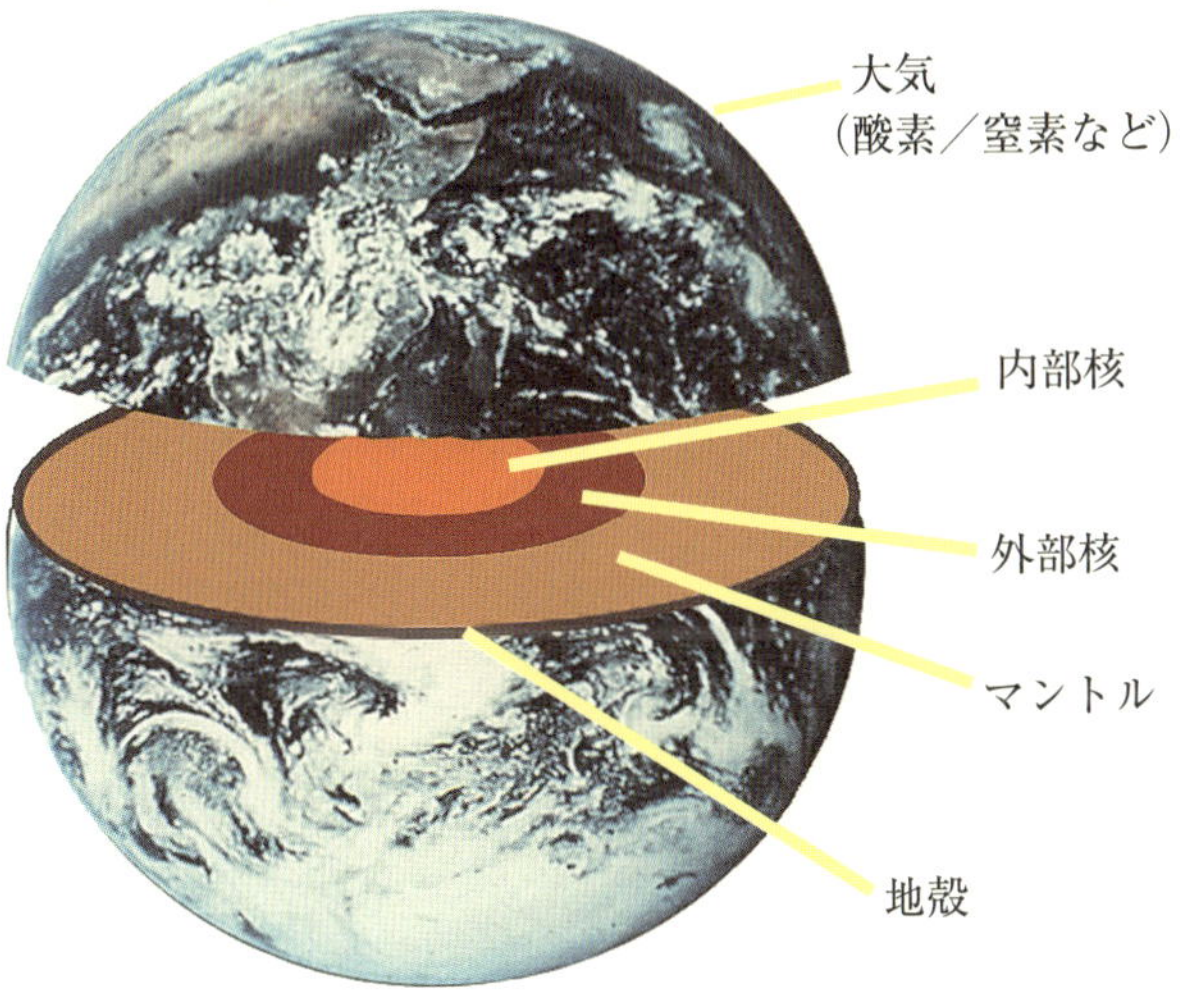
大気
（酸素／窒素など）
内部核
外部核
マントル
地殻

それから百億年以上経過して、地球上に生命が誕生しましたが、これは水の結ぶ力によって、現れたのではないでしょうか。

すなわち、ものは中間子の結びの力でできて、生命は水の結びの力によって誕生したのであろうと私は思っております。

五　水とはなにか

水の性質

このようにして、地球の表面に水が存在するようになり、今から三十八億年くらい昔に、海の水の中に生命が誕生したのです。

ところで、地球上に生れたすべての生物は、水なくして生きられませんが、それはいったいなぜなのか。これについてお話をしてみたいのですが、これがまた非常に難しい問題です。

そこで先ず水の性質について、『水は生きている』（世界文化社）という本に、生命科学者のライアル・ワトソン氏の興味深いお話が載っていましたので、それを少しご紹介したいと思います。

ライアル・ワトソン氏によると、水の分子は誰でも知っているように、H_2Oという化学式であらわされる単純な分子でありますが、誰も単一の水の分子を見たものはいないということです。

それはつまり、水の一つ一つの分子構造は、絶対に変わることはありませんが、周囲の環境によって、水素と酸素の間に複雑な組み合わせがつくられ、それが幾重にも連鎖して、分子の構成が変わっていきますので、水は環境の変化に合わせ、常に性質を変えているというのです。

このようなことから、川は水源から河口まで、無数の水の分子が結合した、一つの分子と表現することができますが、その川の水の性質は、それぞれの場所によって異なると言われるのです。

このように、水は周囲の環境によって分子の組み合わせが変わりますので、悪い環境の水は分子の組み合わせが悪くなり、その反対に、良い環境の水は分子の組み合わせが良くなるということです。

ですから神さまがおられる神聖な場所から、涌きいずる水には、神さまの気がこもり、私たちの生きる力を最大限に引き出す、最高の水となるのです。

春日の神々さまがお鎮《しず》まりになる春日の奥山をはじめ、日本の山には、よく水の神さまがお祀《まつ》りされておりますが、これは単に神さまに、山の自然や麓に生活する人々の生活を守っていただこうというだけなく、そこから最高の水が湧き出ずることを願った、私たちの祖先の素晴らしい知恵だと思うのです。

また日本では川の源流、中流、下流に水の神さまがお祀りされていることが多いのですが、これは神さまのお恵みのもと、川全体が素晴らしい水であるようにと願う、水の性質をよく知る日本人の心の現れであるように思うのです。

「中臣の寿詞」と天上の水

ところで春日大社には「中臣寿詞《なかとみのよごと》」という、大変古い祝詞が遺されており、このことは『大祓　知恵のことば』にも書きましたが、これは天皇の御即位の時、中臣氏が唱える祝詞として伝えられてきました。

その内容を簡単にわかりやすく説明すると、天皇御即位の時、天皇に差し上げる御食事の水は、最高に清らかな水を用います。

しかし当時の日本の水は、そのような清らかな水でなかったために、春日大社の第三殿にお祀りされ、藤原氏（中臣氏）のご祖先として称えられる天児屋根命《あめのこやねのみこと》さまが、御子さまの天押雲根命《あめのおしくもねのみこと》さま（春日大社若宮の御祭神）を高天原《たかまがはら》に遣わされ、どのようにしたら天皇に差し上げるのに相応しい、清らかな水を得ることができるかをお尋ねになりました。

すると高天原の神さまは天押雲根命に、神籬《ひもろぎ》という神さまをお迎えするための神聖な木を授けられ、それを山の清浄な場所に刺し立てて、昼夜いとわず祈り続けるように教えられました。

その通り行なったところ、そこにみずみずしい青草が生い茂り、竹の子がどんどん芽吹いて、その下から清らかな水がこんこんと湧き出てきたのです。

そしてこの水を天上の水として、地上の水と混ぜ合わせたところ、日本の国から湧き出ずるすべて水は、清らかな水になったと、この祝詞に記されています。

ここにいう地上の水が清らかでなかったというのは、なにも水が汚れていたという意味ではありません。神さまの気が水に入っていなかったということであり、このようにしてお祭をすれば、神さまの気が入った素晴らしい水が現れるということを、この祝詞はあらわしているのです。

私たち日本人の祖先は最高の水を得るために、山に神さまをお祀りしてきましたが、現在の人たちは外国のまねをして、山は征服するものであるなどと考え違いをして、山の自然を破壊し、水を汚しております。

これは山に神さまを祀り、山の自然と清らかな水を守り伝えてきた祖先と神さまを冒瀆した、民族の滅びの姿ではないかと思います。

現在、世界中で水の問題が大きく取り上げられておりますが、そのための解決法は、外国の人々のように人間の頭（理屈）で考えるのではなく、山に神を祀ってきた日本人の伝統にこそ、世界の水を救う唯一の答えがあるだろうと私は思っております。

水の原点

ところで、前にも述べましたように、今の日本の乱れた姿は、宇宙の原点の仕組みを忘れてしまった結果だと考えておりますので、この本ではいろいろなものの原点について、お話しているわけです。

いつも言うように、戦後は日本の伝統や歴史を全て否定して、現在の理屈だけでものを考えるようになりました。そのため目先の欲に惑わされて、金もうけをするために人をだましたり、簡単に人を殺すというようなことがおきています。

このことを神さまの信仰という面から見ると、近頃特にご利益信仰をする人が増えてきております。

例えば、どこそこの神さまにお祈りするとお金がもうかるからといって、熱心にお参りする人がよくいますが、このような人はご利益が得られないと、すぐその神さまへの信仰をなくしてしまう場合が多く見受けられます。

けれども神さまを信ずるということの原点は、ご利益を得ることではありません。本当の信仰というのは、神さまに生かされていることに感謝し、一生涯神さまの導きを信じて生きることであり、お恵み（ご利益）というのは、知らない間に後から与えられるものなのです。

ですからご利益を得る目的で、神さまを拝むというのは、信仰でも何でもないのです。これと同じことで、現代の人は金をもうけるためには、手段を選ばずという人が多いのですが、これも間違っています。お金をもうけるために仕事をするから失敗するのです。お金というものは、自分の努力の結果、得られるものであるという原点を忘れてしまっているのです。

なぜこのようなことをここで述べるのかというと、水の話というと、この水を飲んだらどの病気が治るとか、この水で顔を洗ったら、肌がきれいになるというようなお話を聞きたいという希望をよく聞きますが、これはいま述べましたご利益信仰と全く同じで、そんな話をしても意味はありません。

みんな結果ばかりを考えて、結果が現れなければすぐやめてしまいます。私が水の話をするというのは、そのようなうわべごとではなく、水の原点のお話なのです。

我々は水を飲まなければ生きてはいけませんので、病気が治らなかったり、肌がきれいにならなければ、水を飲むのをやめるというような問題ではないのです。そして、水の原点を知らなければ、どんな素晴らしい水を飲んだとしても、何の役にも立たないのです。

素晴らしい水というものは、長い間飲み続けていると、知らず知らずの間に罪・穢れが祓われて健康になるのであり、健康になることを目的に水を飲むのではありません。一見同じように思われますが、これは全く別なことなのです。この原点を知っていただきたいと思うのです。

不易流行とは

我々がいのちを伝えて生きていく姿として、よく不易流行という言葉が用いられますが、これは水の姿と全く同じです。

いのちというものは不易、すなわち原点の伝統は絶対に変えてはいけない。しかし習慣は、その時代の変化に順応して変えていかなければ、いのちは伝わらないというのが、不易流行の意味です。

先ほど述べましたように、水は周囲の環境によってどんどん分子の組み合わせを変えていきますが、原点となるH_2Oの性質は絶対に変わることはありません。これはまさに不易流行の姿であり、この水によって我々は生かされているのです。

ところで、泥水は水が汚れた状態であると多くの人は考えますが、これは決して水が汚れているということではありません。泥水はただ、水に泥が混じっただけなのです。

神社の山や神域から湧き出ずる水は、神さまの気がこもった素晴らしい水が多いのですが、近年は周囲に家ができたりして、いろいろなものが混じり、飲料水として用いることができなくなったところが多くなりました。

これを見て多くの人は、水が汚れたと思っています。けれども神さまの水は汚れてはいないのです。泥水と同じで、ただ不純物が混じったために、飲めなくなっただけなのです。

前にも述べましたように、地球上の水の約九七パーセントは海の水であり、残りの二パーセント以上が南極や北極の氷山で、我々が飲んでいる水は一パーセント以下しかありません。

海の水がこれだけたくさんありながら、塩水であるために人間はそれを飲むことはできないのです。これも私は神さまの素晴らしい知恵だと思うのです。

ところで、動物はよく雨水を飲みますが、人間は雨水だけでは生きていけません。我我は雨水が一度地下に入り、地下の岩や石の間を通って、地表に湧き出た水を飲まなければ、生きられない仕組みになっているのです。

このことについて、現在では地下のいろいろな栄養を含んだ水でなければ、我々は生活できないなどと解釈しますが、私はただそれだけではないと思います。

岩や石には神さまや宇宙の気をたくさん含んだものが多いので、その間を水が通ることによって、素晴らしい神の気の入った、先ほど「中臣寿詞」で述べましたような、神さまの水として湧き出てくるのだと思うのです。

このような水を飲み続けることによって、我々の罪・穢れが祓われ、健康に生きていくことができるのです。

氷と水の関係

物体は液体よりも、個体の方が重いのが普通です。けれども水は、個体である時よりも液体の時の方が密度が高く重いので、氷は水よりも軽く、そのために氷は水に浮くことができるのです。

もしこれが逆になると大変なことになります。北極や南極の氷山がどんどん海の底に沈んでいったら、やがて海は全部氷となってしまいます。そして最後には地球全体が凍り付いてしまい、生物は死滅することでしょう。ここにも素晴らしい神さまの知恵があるのです。

人々の中には水よりも氷の方が重いと考えている人がいますが、これもまた宇宙の原点を忘れた姿ではないかと思います。

ところで、水は普通の状態では摂氏零度で凍り、摂氏一〇〇度になると沸騰して、蒸気となることは、皆さんよく知っておられますが、この摂氏というのは記号で℃と書き、これは十八世紀にスウェーデン人のセルシウスという人が定めた温度の単位です。

そして水の比重は四℃の時が一番重く、氷山の下にはこの四℃の水がありますので、氷山や流氷の下にはいろいろな魚や生物がいるのです。北極や南極で、氷の下で生物が生きているのはこのためなのです。

温度と素粒子のエネルギー

温度というのは、原子を作る素粒子のエネルギーのことであり、素粒子の運動ですから、高い温度には限界はありませんが、低い温度には限界があり、素粒子が静止した状態の温度を絶対零度といい、Kであらわします。

これを先ほど述べました摂氏でいいますと、摂氏零度は二七三K、摂氏一〇〇度は三七三Kになります。

水は一気圧で摂氏零度になると氷になり、氷で閉ざされた世界は、一見死の世界のようにも思われますが、それは間違いです。摂氏零度は絶対温度であらわすと、二七三度もありますので、素粒子は活動していますから、なかに生命を含んでいるのです。

例えば北国で雪が溶けてくると、下から植物が勢いよく芽を出すように、氷や雪に覆われていても、生命は脈々と生き続けているのです。これも素晴らしい自然の知恵ではないでしょうか。

温度の測定とアンケートの活用

温度を測定するためには、その物体に温度計を差し込まなければなりません。もし温度計の温度よりも温度が高い物体の温度を測る時は、温度計を差し込むことによって、その物体の温度は少し下がります。逆に温度が低い場合は、差し込むことによって少し温度が上ります。こう考えると、正確な温度を測定することはそう簡単にはできないということになります。

よく新聞やテレビなどで、あることについてアンケートを行なったという記事がよくですが、これも温度の測定と同じで、アンケートをとるための質問の内容や、質問の順番によって答えが変わるということを知らなければなりません。

例えば、原子力発電所で事故がおきた時、よく原子力発電を続けるべきか止めるべきかというアンケートをマスコミが行なうことがありますが、事故がおきた直後ならば、止めるべきだと答える人が多くなるのは当然です。

これはほんの一例に過ぎませんが、アンケートに現れた答えをそのまま信じるのではなく、表面にはでてこない世の中の流れや世論の動向ということを理解しなければなりません。単にアンケートだけで何かを決めるのは危険です。温度のお話からアンケートの活用のことなど、ここに少し書かせていただきました。

水の鋭敏さ

水にはこの他にも、いろいろな不思議な性質があります。その一つに、情報やエネルギーを結ぶという素晴らしい性質があるのですが、どうして水に、結ぶ性質が出てくるかということを説明する前に、水には非常に鋭敏な性質があるということを、お話したいと思います。

多くの人は、水は振動を伝えにくいと考えておりますが、実際は空中より水中のほうが振動は鋭敏に伝わります。

海にいるクジラは、千キロくらい先の仲間と交信することができるといわれておりますが、これは水中の振動（声）が遠くまで速く伝わるからです。

このように水は振動に対して鋭敏に反応しますので、水の中に生活する魚類は、陸上にいる生物が感知できないような、地震による微小な波動を察知することができるのです。ナマズが地震を予知するといわれるのはこのためです。

このようなことからも、現在のように人間が、戦争やその他いろいろなことを行なえば、海を伝わってはるか遠くの大陸まで、それが伝わっていくことも充分に考えられます。

日本の国は島国で、周囲が海で囲まれていますから、世界の国のいろいろな出来事が海を介して多く伝わってきますし、また逆に、日本人がその原点に立ち返り、なにごとも神さまに生かされ、導かれるという真実の生活をすれば、海を伝わっていろいろな国に良い影響を与えることもできると思います。

この一番よい例として、宮崎県の海に浮かぶ島に住むサルが、イモを海水で洗って食べ始めたら、全然関係のない本土に住むサルが、同じように海水でイモを洗って食べ始めたということです。

情報の記憶と感覚器

いま述べましたように、水は振動などを鋭敏に伝えるというだけでなく、ある特殊な方法で、さまざまな情報を記憶することができるのではないかと、考えられるようになってきました。

水が情報を記憶する仕組みについて、現在のところ全てが解明されているわけではありませんが、おそらく分子レベルの組み合わせの変化が、関係しているのではないかと言われています。

これはちょうど遺伝子のＤＮＡが、ＡＣＧＴという四つの塩基の無数の組み合わせで情報を記憶しているのと、よく似た仕組みであろうと考えられています。このようなことから、ＤＮＡにいろいろな情報を記憶させることができるのは、水の分子レベルの記憶の力と、水の持つ結びの力が関係しているものと思われます。

また、水は生物にとって感覚器ともなりうるもので、気候の変化を肌で感じたり、世の中の流れを肌で知る、いわゆるヒジリ（聖・ゆきあい・日知り）の能力も、皮膚の中に含まれた体液、すなわち塩水が関係しているのかもしれません。

水は循環する

海水は熱によって蒸発し、雲となって空に浮かびます。それがやがて雨となって地表に降りそそぎ、その水は川となって海に注いだり、あるいはいったん地中に入って、泉となって湧き出て、川を通って海に入るという、循環の過程を行なっております。

このように自然の水は循環していますが、これ以外にも植物を介した水の循環もあります。

植物は大地に張った根から水を吸い上げ、それを葉の表面から蒸発させています。山や森林では、木々が蒸発させる水と、太陽の熱によって上昇気流が生まれ、そこに霧や雲が現れます。

このようにしてできた霧や雲に含まれる水が飽和状態になると、雨となって地上に降り注ぎ、これがまた地中に入り、木は根からこの水を吸い上げるという循環を行なっているのです。

巨大な水冷式ラジエーター

また水は、地球の温度を調節する役割も持っています。太陽から受ける膨大な熱を水が受け止め、次第に水温が上っていくと、先ほども述べましたように、水はやがて水蒸気となり雲を作ります。

そして雨となって落ちる時に、それまで持っていた熱を宇宙空間に捨てているのです。

この循環のシステムは、まさに巨大な水冷式のラジエターの役目をはたし、地球はそのおかげで、ほぼ一定の温度に安定しているのです。

発汗と順応

人間以外の動物は、皮膚に毛や羽などをたくさん持っていますので、汗を出して体温を調節するということはできません。それに対して人間の皮膚は、毛が少なく、また暑さを感じて汗を出すエクリクス腺という汗腺をもっていますので、人間は暑い時には汗を出して、温度（体温）を調節することができるのです。

このようなことから、動物は一般に冬には強いのですが、熱さには弱く、そのため犬などは、暑い時には口を開けてハァハァと息をしているのです。

ところで、春日大社で秋に行なわれる行事の一つに、「鹿の角伐《つのきり》」があります。角を伐るために鹿を捕まえようとすると、鹿は嫌がって場内を逃げ回りますが、長時間走ると体温が上って動けなくなりますので、場内には必ず水を入れた風呂桶のようなものがあり、鹿はその中に入って体温を下げています。

けれども人間は、暑い時には汗を出して温度調節を行なっておりますので、鹿のように水につからなくても活動ができますし、また寒い時には火を燃して暖をとったり、衣服をつけて寒さを防ぐ知恵を身につけました。

このようなことから、人間は気候に関係なく活動することができ、地球全体に広がって生活するようになったのです。

動物は、その種によってすむ地域は決まっておりますが、人間はこのようにして、地球のどのような場所にも存在し、生活できるのです。

三十八億年くらい前に、地球上に生命が誕生し、これまでいろいろな生物が、生まれては滅びていきましたが、現在生き残っている生物は、決して力の強い生物ではありません。環境の変化に順応できた生物だけが、現在生き残っているのです。

このことは特に、戦後の日本人が知らなければならないことだと思います。日本人の祖先は、厳しい自然の変化に順応する強い力を持っておりましたが、戦後の日本人はこれが欠けているために、何か自分の思う通りにならないと、すぐ環境や他人のせいにして、気に入らなければすぐに人を傷つけたり、殺したりする人が多くなりました。我々はもう一度原点に返って、祖先が伝えてきた順応と忍耐こそ、人生の原点であることを思い出さねばなりません。

草木染の話

このほか水にはいろいろな性質がありますが、その全てを書くことはできませんので、水の性質がよくわかる草木染《くさきぞめ》の話をしてみたいと思います。

草木染というのは、布や紙を人工の染料で染めるのではなく、天然の木の皮や葉、草などで染める方法です。

以前、草木染の大家である喜多長蔵氏が、私が揮毫《きごう》した「神」の字を見て、これをぜひ草木染の屏風《びょうぶ》にしたいと言われ、春日大社の境内に生い育つ大杉の木の皮や竹柏《なぎ》の葉など、素晴らしい植物で本地を染められ、見事な屏風を作り奉納してくださいました。

その時喜多氏は、次のように話されました。

「天然の草や木を用いて染めると、永年草木染を行なってきた私でも、どのような色に染まるのか正確にはわからないのです。なぜなら用いる水によって、現れてくる色が変わるからです。

染めるという字は、九十八と水（サンズイ）に分解できます。つまり、染めることの九十八パーセントは水であり、その草木の持つ真実の色を百パーセント表すことができる水を用いなければ、本当の草木染はできないのです。」

前にもお話したように、春日大社の奥山から湧き出ずる水は、今でも最高の水ですが、ただ近くに家が建ったために、いろいろなものが混じり、飲料水には適しなくなりました。すると多くの人は、水が汚れたと考えますが、水そのものは昔と全く変わってはおりません。ただ、汚れたものが混じっただけです。

喜多氏はこのことをよく知っていて、春日の水を用いて草木染をすれば、最高の草木染ができるということで、屏風を作られたわけですが、その通りにまことに見事な屏風ができました。

この本のカバー表紙にも使わせていただきましたが、屏風を見た人は皆その素晴らしさに感動されております。

このことを通して、私は水にはその草木が持つ性質を引き出せる素晴らしい力があることを知り、改めて水の力の偉大さに気付かされたのです。

後で地球上になぜ生物が誕生したか。また我々の体液は、なぜ海の水と同じ塩水なのか。どうして真水を飲まなければ生活できないのか、というお話をしようと思っていますが、その前に、ぜひ皆さんに水の素晴らしい性質を知っていただきたいと思い、ここで草木染のお話をさせていただきました。

第三章　生命の誕生

一　水と生命の誕生

タンパク質とDNA

いままで、水というのは喉が渇いた時に飲んだり、風呂や洗濯に使うなど、ごく当たり前のように、日々の生活の中で使ってきました。

しかし、これまで水のいろいろなことについて研究を進めてきた結果、水というのはこの宇宙に存在する奇跡の物体であり、まさに神さまの姿そのものであるということを感じています。つくづく私たちは水にたいする認識を、改めなければならないと思うのです。

これから、三十八億年前にどのようにして水の中に生物が誕生したのかを、お話していこうと思います。

けれども、地球の水の中にどのように生物が誕生したかということは、これまた非常に難しい問題です。結論からいえば、現在の科学でその全てが解明されているわけではありません。

しかし、私が今まで勉強し、また永年経験してきたことから、だんだんと生命誕生の神秘が分かってきましたので、そのことについて少しお話したいと思います。

水の中に生命が誕生したと言いますが、先に述べましたように、液体の水というのは地球の表面にしか存在しません。これはいったいなぜなのか。

私は神さまの大いなる知恵、素晴らしいムスビの力によって、地球の表面に水が現れたのではないかと思うのです。

なぜそのように思うのかと言うと、今から百五十億年くらい前に、ビックバンという大爆発がおこり、この大宇宙に無数のものがあらわれてきましたが、その原点は、この本の冒頭に書きましたように、大爆発をおこし宇宙を造ろうという神さまのお心と、膨大なエネルギーを含んだゼロの世界がなければ、宇宙は現れてこないのです。

そして、この神さまの知恵（心）によって最初に出てきたのが、湯川秀樹博士が発見し、ノーベル賞を受賞された、中間子というモノとモノを結びつける働きです。

私は常々、人間の体は宇宙の縮図と申しておりますが、生物をはじめ、この世の中の森羅万象はすべて、神さまの知恵、大宇宙の神秘な仕組みによってできています。

このことから考えると、地球上にそれまで存在しなかった生命を誕生させるためには、モノとモノを結びつけるムスビの力が現れなければならないと思うのです。そしてこの働きに相当するのが、中間子であり、水ではないかと私は考えております。

これから水の持つムスビの働きによって、水の中に生命が誕生したというお話をしていきたいと思います。

今から百五十億年くらい前にビックバンが起こり、中間子というムスビの働きが現れ、その力によって何もないところから波動が現れ、モノの原点である原子ができてきたことは前にも述べましたが、ここから実にたくさんのモノが現れ、さらに無数の星々が誕生してきました。

この地球はこのビックバンが起きてから、百億年以上過ぎてから誕生し、やがて宇宙に出現した水が、雪球となって絶え間なく地球に降り注ぎ、地球の表面に水が豊富に存在するようになったのです。

そして最新の研究によって、地球ができた直後には、ある程度の海が存在したのではないかと考えられるようになってきました。

こうして地球上に水が現れたわけでありますが、水の中に生命が誕生する前に地球上には、生物の体を作る細胞の主成分であるタンパク質とDNA（遺伝子）ができたと言われています。

タンパク質と遺伝子のどちらが先にできたのかは、もちろん現在では分かってはおりません。

遺伝子が働くと、その情報はいろいろなタンパク質となり現れてきますので、遺伝子の方が先かとも考えられますし、また、タンパク質が最初に出てきているから、遺伝子の働きからタンパク質が現れるのだとも考えられます。これはちょうど、ニワトリと卵のどちらが先に生まれたかという議論と同じです。

しかし、どちらが先に現れたのかということが問題ではなく、生物が誕生する前に、タンパク質と遺伝子が存在していたということが重要なのです。

そして、このタンパク質がどのようにしてできたのか。そしてまた、遺伝子という非常に小さなものの中に、生物が生きてゆくための情報がすべて刻み込まれているということは、実に驚くべき宇宙の知恵ではないでしょうか。

この神秘な知恵が、タンパク質と遺伝子を作ったということを知ってほしいと思うのです。

モノの分子と生物の分子

さて、このタンパク質と遺伝子が、海（塩水）の中に入り、モノの分子が生物の分子に変わったわけですが、どうしてモノの分子が、生物の分子に変わるのでしょうか。

もちろん、現在の科学で解明されているわけではありませんが、大阪大学大学院生命機能研究科ナノ生体科学講座の研究科長である柳田敏雄教授が、「『あそび』と生命科学とナノテクノロジー」という題で、モノの分子と生物の分子に関する興味深い論文を書かれておりますので、それを少し紹介させていただきたいと思います。

私もこの論文を読むまでは、モノと生物の分子の働きが違うなどと、考えたこともありませんでした。

モノを構成する分子も、我々の体を造っている分子も、分子としては同じです。けれども柳田教授の研究は、その同じはずの分子が水の中に入ると、生命の分子に変わるというもので、この論文を読んで私は大変驚きました。

非常に興味深い研究ですので、全部紹介したいところですが、それも難しいので、主要なところを皆さんにお話してみたいと思います。

その論文によると、手塚治さんが「鉄腕アトム」というマンガを作った頃は、コンピューターや運動機械技術が進歩すれば、人間のようなアトム型ロボットを作ることが可能であると考えられておりました。けれどもその後、科学技術は飛躍的に進歩しましたが、いまだにアトムはできておりません。

それはいったいなぜなのか。生物と機械では、基本的に異なる原理で働いているからだと考えられます。つまり、人工的に作られた機械の分子は、空気中で働くようになっているのに対し、生物の分子は、水の中で働くようにできているのです。

また、どうしてなのかこれもまだ解かっていないのですが、機械を構成する分子を水の中に入れても、生物の分子のような働きをしないということです。

このように機械を作る分子も生物の体を造る分子も、分子としては同じでありますが、生物の体を造る分子は、最初から生物の体をつくるように決められているのかもしれません。

これもまた実に神秘な、神さまの知恵の働きではないかと思います。

このことは宇宙の歴史や、いろいろなものの原点を考えていくという研究方法をとっても、宇宙ができた初めから、生命になる分子と、モノになる分子は分かれていたというのは、十分に考えられることなのです。

そして、生命になるために現れてきた分子、つまり生物をつくる有機物の分子は、おそらく水の中だけで働くようになっているために、ビックバンから百億年以上が経過して地球ができ、さらに海の水が現れた段階で、実際の生物となって現れたのだと思います。

このような生命の流れの中から、私たち人間が誕生してきたのです。

ところで、研究者の間ではこれまで、生物の分子というものは非常に正確に、そしてきちっと働いているだろうと想像されて、研究が行なわれてきました。

けれども実際は予想が全くはずれ、生物の分子は意外にもよく間違いをおこし、フラフラとのろまで、一見とても曖昧な働きをしていることがわかってきました。

人工的な機械を作るうえでは、このような曖昧さはマイナスの意味しかもたないのですが、実はこの曖昧さにこそ生物の分子の素晴らしい秘密が隠されているのです。

それというのも、コンピューターのような高級な機械を作るには、より早く、より正確に働く素子が要求されます。けれども生物の分子の場合、この素子は少しいい加減の方がよいということがわかってきたのです。

それは「いい加減な素子」が集まった集団は、「あそび」がありますので、融通性があり、また柔軟に働きますので、そこに機械の分子には見られない、生命の分子の神秘性があるということがわかってきたのです。

ところで、私が生物の分子は機械の分子のように正確でなく、一見とても曖昧な働きをして、よく間違いをおこすとお話しすると、それを聞いた方が、「自分もよく間違いをおこし、曖昧な生活を送っている。だから自分は生物として正しい生き方をしている」などと言いますが、これは私が言う曖昧さやいい加減さとは違いますので、念のため申し上げます。

生物の体をつくる細胞のタンパク質は、ＤＮＡから、その細胞がどのように生きたらよいかという情報を受けて、生物として生きる細胞になるわけです。

これらの生物分子の大きさは、ナノメーターサイズといい、一〇億分の一メートルという非常に微細な世界を扱いますので、こうした研究をバイオナノテクノロジーと呼んでいるのです。

二　人工機械の分子と生物の分子のはたらき

生物の分子とブラウン運動

コンピューターは、莫大なエネルギーをつぎ込んで、非常に正確に、そして高速で分子を働かせます。ですからコンピューターの素子は、正確かつ高速に働くということが生命線です。

これに対して生物の分子は、とても小さなエネルギーを使い、非常にいい加減で、またゆっくりと動いています。けれどもそれが集まると、筋肉や脳といった、とても人工の機械では作れない、高級な機能を発現するのです。

少し専門的な話になりますが、この両方の分子の違いの一例を挙げてみますと、先ずトランジスターの分子の場合は、ナノ秒の10のマイナス9乗の速さで動作します。それに対して生物の分子の場合は、ミリ秒の10のマイナス3乗秒でしか動きません。また正確さについてはトランジスターの場合、一〇〇万回に一回も間違いをおこしませんが、生物の分子の場合は、一万回に一回の割合で間違いをおこすのです。

このように我々の体を作っている細胞の分子は、機械の分子のように、莫大なエネルギーをつぎ込んで動かしているのではなく、原則として自分の力で生きているのではなく、百パーセント宇宙の力で生きているのです。

そしてその運動は、機械の分子のように直線的なものではなく、左右に揺れる波動、つまりブラウン運動で生きているということを、ぜひ知ってほしいと思います。

機械の分子は莫大なエネルギーを与えられているために、直線的に働きますが、それに対して生物の分子は、そのようなエネルギーを与えられていないので、自然の気で生きる、ブラウン運動で生きるのです。

ブラウン運動の分かりやすい例をあげますと、例えば水の中に棲む魚などは、人間のようにそのまま真っ直ぐに進むということは不可能です。このためこれらの動物は必ず、体を左右にねじって進みます。この様子が、いわゆるブラウン運動といわれるものです。

これに対して、飛行機やロケット、自動車などの機械は、大量の燃料を燃やし、莫大なエネルギーを与えられていますので、直線的に進むことができるのです。

けれどもこのような機械は、エネルギーがなくなれば運動が止まり、落ちたり停止するだけです。

けれどもブラウン運動で生きる魚などは、自然の気で動いていますので、個体が死なない限り、途中でエネルギーが絶えてしまうことはありません。

これはたとえ話ではありますが、このようなことからも、人工の機械の分子と、生物の分子との動きの違いが、お分かりいただけるのではないかと思います。

ブラウン運動は、生物の細胞の分子だけでなく、宇宙を伝わってくる光とか、ニュートリノなどは全て波動で伝わってきます。波動というのはブラウン運動で、宇宙の中に満ち満ちた天然の気で動いているのですから、障害物のない限り、どこまでも飛んでいきます。

ブラウン運動（波動）で生きる模式図

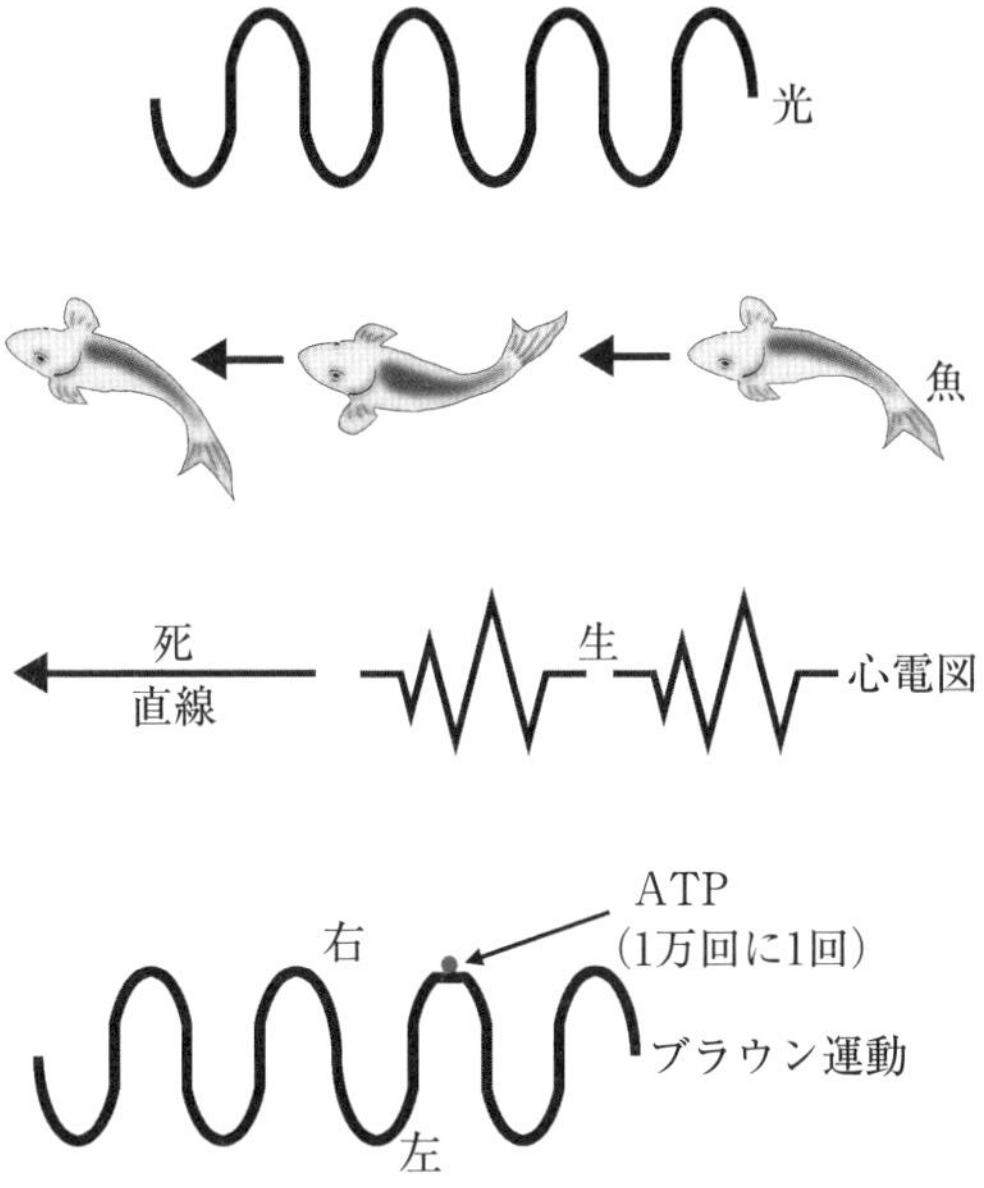

けれども、これに他からエネルギーを入れると、機械の分子と同じ直線の働きになってしまうのです。直線というのは続かず、必ず終わりがあるのです。

私がなぜ、このようなお話をしているのかと言うと、我々の体を作っている細胞の分子は波動、つまりブラウン運動をしているのですから、膨大な数の細胞からできている人間の人生もまた、自分の力で生きる、つまり直線的な人生は機械の分子と同じで、そこにいのちがなく長続きしませんので、終わりがあるということです。

ですから、若い時から目的に向かって一直線に進む人生は、一見正しいように思われますが、実は間違いだと思うのです。このことを多くの人に伝えたいと思い、ここでお話しているのです。

日本人は昔から、人間は自分の力で生きるのではなく、全て神さまのお導きで生かされている。そして、そのことに感謝するのが、真実の人生であると知っていて、これを連綿と伝えてきました。

すなわち人生というものは、自分以外のものと対立するのでなく、神さまやご祖先さまをはじめ、全てのものと一体となって生きるのが、真実の人生であるということを伝えてきたのです。

けれども戦後は、日本の過去の歴史は全て戦争につながる悪いものであるとか、外国より劣っているというような考えが現れ、子供たちにそのような教育を行なったために、今の人たちは、日本の伝統を全て捨て去り、個人中心で対立し、自分の力で生き抜くことが人生であると考えるようになるなど、日本人は間違った人生を歩むようになったのではないでしょうか。

そのために、現在のような日本の国はじまって以来の、乱れた姿になったのではないかと思います。

現在では多くの人が、なんでも科学科学、理屈理屈で生活していますので、私が神さまの導きに従う人生などと言いますと、何か神頼みの、安易な生活のように考える人が多いのですが、それは全く逆です。

自分の我欲を出すことなく、どんな厳しい環境に出会っても、全て神さまのお導きであると、それに順応し感謝するというのは、不可能に近いほど厳しい人生であります。

しかし、その厳しい人生を乗り越えることによって、人間は進化し、そして少しずつ神さまに近づいていくのではないかと思っています。

先ほどもお話したように、自分の力で生きるという直線の人生は、一時は成功することはあっても、やがては消える人生です。

私は以前から現在の日本人のこの間違った人生観が心配で、このままでは日本人は滅びてしまいますので、何とか多くの人々に祖先が伝えてきた真実の人生に目覚めてもらいたいと思い、これまで全国各地でいろいろなお話し、またたくさんの本を書いてきました。

けれども、もう個人だけが喜ぶような目先のお話をしても、とても今の世の中をよくすることは、不可能であるということを知りました。

そこで、この『神道と〈ひらめき〉』では原点の話、すなわち日本人の真実の人生や、宇宙の原点などについて、お話をしているのです。

常に原点を勉強していると、不思議なことに、次から次へと宇宙の真実のことが私の頭の中にひらめいてきますので、この本の題名を『神道と〈ひらめき〉』としたのです。

ＡＴＰのエネルギーとは

ところで、地球上に現れた最初の生物である原核《げんかく》生物、簡単にいえば細菌のことですが、この細菌というのは全て自然の気だけで生きる、ブラウン運動で生きています。

そして、この細菌という生き物は、全て自分以外の生物を生かすためだけに生きていますので、年をとることも死ぬこともなく、いつまでも生き続けるといわれています。

けれども、原核生物は殺さない限り死なないなどといいますと、理屈の教育を受けた現在の日本人には、とても理解できないことだと思いますが、これは事実なのです。

我々人間の体の原点も、もちろんブラウン運動ではありますが、私たちの体は細胞が無数に集まって個体を作っておりますので、単細胞生物の細菌のように、ブラウン運動だけで生きるというわけにはいきません。私たちの体はブラウン運動に、エネルギーをつぎ込んで生きているのです。

このことについて少し説明しますと、我々の体の細胞は、ＡＴＰ（アデノシン三リン酸）のエネルギーを入れて、アクティブな運動をしているのです。

つまり、ATPを入れるとブラウン運動が、一部、直線方向の動きに変わるのです。

例えば、我々の手足や心臓を動かす筋肉を作る、ミオシンという分子は、原則としてはブラウン運動で動いているのですが、筋肉を収縮させるためには、ATPによるエネルギーを入れなければならないのです。

このメカニズムは非常に難しいのですが、できるだけ分かりやすく簡単に説明すると、時計の振り子のように、右と左を行ったり来たりするブラウン運動の中から、例えば右側にくるものをピックアップするのに、ATPのエネルギーが用いられているのです。

つまり、ブラウン運動をする分子から、一つの方向の運動を取り出すために、ATPのエネルギーを利用しているのです。

人工的な機械の場合は、分子に強力なエネルギーを与えて、一つの方向に分子が向かうよう運動を制御しています。

これに対して生物の分子の場合、そのような強いエネルギーを与えられてはおりませんので、自分でブラウン運動をしながら、ちょうど右にきた時に、それを取り出すためにＡＴＰのエネルギーを使うのです。

ところで、ＡＴＰとはなにか、少し専門的になりますが、ここで簡単に説明をしたいと思います。

今、筋肉を収縮させるためにはエネルギーが必要であり、このためにＡＴＰを使っているとお話ししましたが、筋肉を収縮させるのに使用されるエネルギーは、このＡＴＰの分解により得られます。

アデノシン三リン酸（ＡＴＰ）は、アデノシンという物質に三個のリン酸基が結合しています。

これがＡＴＰの分解酵素の働きによって、リン酸基がはずされて分解されていくと、一つのリン酸基がはずれるごとに、約８ｋｃａｌ／ｍｏｌのエネルギーを放出します。このエネルギーを使って、筋肉の収縮が行なわれているのです。

そしてＡＴＰから一つのリン酸基がはずれると、ＡＤＰという物質になります。このＡＤＰからさらに一つのリン酸基がはずれると、ＡＭＰという物質になります。

そして、すべてのＡＴＰがＡＭＰに分解されてしまうと、これ以上運動することはできません。

しかし実際には、分解されたＡＤＰやＡＭＰは、安静時には再びリン酸基を受けて、ＡＴＰに再合成されるようになっています。

ですから運動を続けていても、しばらく休憩するとまたＡＴＰができるので、運動を続けることができるのです。

そして急激な運動を繰り返すと、このＡＴＰもなくなってしまいますが、筋肉の細胞の中には、クレアチン酸という物質が多く存在し、リン酸基をすばやく提供して、ＡＴＰを補充するようになっているのです。

このように生物というのは、まさに神さまというのに相応しい、神秘な素晴らしい仕組みになっておりますので、運動を続けることができるのです。しかし、これにも限度があるということは、言うまでもありません。

「あそび」と「ま」の人生

このように生物の分子は、自然のエネルギーで最大限に生き、しかもATPという、ごく少ないエネルギーを使って働こうとしているのです。

しかし、このようなやり方ですと、ちょうど都合のいい右側の運動がいつくるか分かりませんので、非常に非効率的になるのです。

この場合、都合のよい機会というのは、だいたいブラウン運動を一万回行なって一回くらいしかこない、ということです。

このことは、人工の機械の分子から考えると、非常にネガティブな性質でありますが、この一万回に一回の機会を待っているというところに、生物の分子の機能性や、やわらかさの本質があると思われるのです。

人生においても、この待つということが非常に大切です。

待つということを、「あそび」とか「ま」などと表現し、このことについては、また後で詳しくお話しますが、人と話をする時にも、この「ま」をとるということが、非常に大切なことになるのです。

つまり、「ま」のない言葉には生命（いのち）が存在しませんので、人に心を伝えることができないのです。現在の若い人がしゃべっている早口言葉には、この「ま」というものが一切ありませんので、いのちは伝わっておりません。このために、いくら正しい理屈をしゃべっても、なんの効果もないのです。

これは冗談ではありません。子供の時から、そのような真実の話し方を教えていかなければ、日本人は滅びてしまいます。

現在の人は、言葉で民族が滅ぶといえば、そんなばかなと言うでしょうが、これは真実の話です。よく建物でも、「あそび」のない家は息が詰まって住むことができないと言われますが、これも真実のことです。

たとえ鉄筋で見事なビルを作っても、あそびのない建物は息苦しく、気持ちよく住むことはできません。その点、昔の日本人が建ててきた日本の家屋は、まさに自然のあそびを取り入れた見事な建築だと私は思います。

また、神社で常に行なっているお祭りも、まさにこのあそびの姿が現れているのです。祭りはあそびであるというと、とんでもないことだと思う人が多いのですが、祭りにあそびがなければ、神さまは現れてこないのです。

これを説明することは難しいのですが、分かりやすく説明すると、お祭りに理屈は存在しないのです。全く理屈をあらわさない。そして理屈を伝えないというところに、祭りの真実があり、そこに神さまのいのちが伝わるのです。

ですから春日大社でも一三〇〇年も祭りが続けられているのです。これを理屈で祭りを行なってきたら、春日大社は、現在存在していないと思います。

このように、人生には「あそび」が必要であり、話には「ま」というものが大切でありますが、この話をすると今の若い人たちは、「あそび」を「遊び」だと考えますが、それは全くの間違いです。

「あそび」という日本語は、「ま」という意味であり、いわゆる遊びではありません。

そしてまた今の人たちは、お祭りとフェスティバルは同じものと考えますが、外国でいうお祭り（フェスティバル）と、日本のお祭りは全く異なるものであり、日本のお祭りは神さまの姿をあらわしているのです。

三　多様性のバランス

共生とバランスの真実

ここまで、宇宙のはじめからモノになる分子と生物になる分子が別れていたというお話をしてきましたが、この話に多くの人はびっくりされたのではないでしょうか。けれどもこれは真実であり、単に分子の話だけではありません。この世の中のすべてのものは、最初から何かになる運命をもって現れてくるということを、示しているのではないかと思うのです。

このように考えると、例えば男女が結ばれて夫婦になるわけでありますが、これも最初から二人が結ばれる運命をもって、この世に誕生してきたのではないかと考えられます。

そうすると、ただ愛し合ったから結婚するのではなく、神さまのご縁によってお互いが愛し合うように導かれたことに感謝する、日本の神前での結婚式は、祖先が伝えてきた真実の結婚の姿ではないでしょうか。

現代の若者のように、愛がさめたとか、性格の違いというような理由で簡単に離婚するというのは、神さまの導きに反することであるということが分かっていただけると思います。

先ほどお話したように、生物の分子はブラウン運動で生きているのですが、自然の力、神さまの知恵というものは、我々の体の全ての分子を一つ一つ制御して統一しているわけではありません。

それぞれの分子が、それぞれ異なるリズムで揺らぐブラウン運動をしながら、全体として調和するようにしているのが、神さまの知恵であり、このよい例が日本の神道に見られるのです。

つまり、一つの神の教えに統一するのではなく、日本の神社のように、祀る神さまはそれぞれ違いますが、神社同士が争うことなく、全体がバランスをとって調和していくのです。

これがすなわち多様性のバランスであり、私たち日本人が祖先から連綿と受け継いできた共生という素晴らしい生き方であります。

このように、争うことなく共に生きていく姿こそ、神さまの真実を伝える人生であり、永久に続いていくのです。そこには対立も闘いも存在しないのです。

このような生き方を日本人の祖先は、昔からずっと伝えてきたのでありますが、戦後の日本人はそれを全て否定して、間違った理屈の教育を子供たちに行なったために、現在では、日本人は戦争好きな民族のように思う人が多くいますが、これは全くの間違いです。

このような教育を行なっていては、日本人は滅びてしまいますので、真実の生き方というものを子供たちに伝えなければならないと、私は切実に思っております。

ところで、いつもお話するように働くというと、現在は労働であると思っている人が多いのでありますが、大和言葉の「はたらく」には、労働という意味は全くないのです。「はたらく」を「働く」と漢字で書くから、本当の意味がわからなくなるのです。「はたらく」という言葉は、「はた」と「らく」に分けられ、「はた」というのは周囲のことで、「らく」は楽しむことです。

つまり、周囲の人を楽しませるというのが、「はたらく」ということであり、これこそが真実の人生であるということを、祖先は十分に知っていて「はたらく」という日本語が生まれてきたのだと思います。

今までお話したように、真実のバランスというのは、多くのモノが調和する、いわゆる多様性のバランスこそが真実の神さまの姿でありますが、現在の日本人は全て外国の対立の理屈の教育を受けておりますので、バランスというと、二つのものが調和した時がバランスがとれた状態だと考えます。

例えば、秤で右の重さと左の重さがちょうど同じになった時にバランスがとれたと考えますが、これはあくまでも秤の話であり、この世の中の真実のバランスというのは、多様性のバランスが真実の姿なのです。

これを説明するのは非常に難しいことですが、我々の脳の細胞には、キネシンという分子があり、この働きを見ていると多様性のバランスが真実の姿だということがよくわかりますので、その話を少ししてみようと思います。

人間の脳というのは、皮膚や粘膜など五感で感じた情報を受け、その情報をＤＮＡの遺伝子で分析し、どのような情報かを認識する、というようにできております。

その時、脳はどのような働きをするかというと、脳の神経細胞の間には、グリア細胞といわれる細胞がびっしりと詰まっています。そしてこの細胞が、入ってきた情報を速やかに脳全体に伝え、それを分析し判断する仕組みになっているのです。

それでは、脳細胞の分子キネシンの役割はといいますと、グリア細胞と全く同じような働きをして、情報が脳全体に広がるように活発に運動しているのですが、ただ走り回るだけではなく、無数の脳細胞の分子がお互いに意見の交換をし、それをお互いに共有できるよう、コミュニケーションをとりながら活動しているということが、最新の研究によってわかってきたのです。

そしてこの研究によって、脳はまさに多様性のバランスを行ない、五感から伝わる情報を判断し、それを人間の言葉や行動にあらわしているということがわかってきました。そのようなことからも、多様性のバランスこそが、真実の姿だといえるのではないでしょうか。

すべては塩水の中で

そしていよいよ、タンパク質と遺伝子が水の中で結ばれて、どのようにして生物が誕生したかという話になるわけですが、タンパク質と遺伝子がただ別々に存在するというだけでは生物は誕生しないのです。

その遺伝子の情報、すなわち生物が生きていくための情報をタンパク質に伝えなければ、細胞は生物として生きていけないのです。

この遺伝子の情報をタンパク質に伝えているのが、水だと思うのです。

それというのも、ビックバンが起こり宇宙が誕生してモノができていく時に、先ず最初に現れたのが、モノとモノとを結びつける中間子の働きです。

生命がはじめて誕生するのもそれと同じ原理で、タンパク質と遺伝子を結びつけるものがなければ、生命は誕生しないと思います。これを行なうために現れてきたのが、水ではないかと考えております。

しかも、単なる水でなく、海の塩水でなければ生命は誕生しないということが、また神さまの神秘の知恵ではないでしょうか。

これが真水だったら、生命は誕生してないのではないかと思います。それが現実に、はっきりとした形で見られるのが人間の妊娠の過程です。

胎児はお母さんとへその緒でつながっており、お母さんが得た栄養や酸素は、胎盤を通して赤ちゃんに伝わり、それによって赤ちゃんが成長するのですが、なぜか赤ちゃんは羊水という塩水の中に、十月十日《とつきとおか》いるのです。

この妊娠の過程こそ、私は生命誕生の姿をそのままあらわしているのではないかと思うのです。

そしてこのことから、栄養は胎盤を通じてへそから伝わってきますが、お母さんが伝えているいのちは、塩水でないと赤ちゃんに伝わらないのではないかと思うのです。

そこに塩というものの、神秘な働きがあるのではないでしょうか。

塩とはいったいなんなのか。現在でも真実の意味は解っておりません。塩を医学的に説明すると、ナトリウムとカリウムのバランスによって、体の中の水分を調節しているとしか説明できませんが、ただそのようなためだけに、塩があるのではないと私は考えております。塩というものの中には、生命を伝える素晴らしい力があるのだと思います。またいつか発酵のお話をして、その中で塩のことを詳しくお話してみたいと思っておりますが、昔の人が食べ物を貯蔵するのに、壺の中に野菜などを入れて、その上に必ず塩を入れて保存しています。

これが現在まで伝わっている漬物で、昔は日本のそれぞれの家庭には、必ずといっていいほどこれが存在していました。

ところで塩を入れればどうして食べ物が腐らないのか。これがまた不思議なことです。このことについては、発酵の話につながりますので、その時また述べさせてもらいますが、結論から言えば、現在の科学では説明することができません。

けれども私たちの祖先は、おそらく経験から塩には素晴らしい力があるということを知っていて、漬物という形で、その力を利用してきたのだと思います。

お祭の時、神さまにお供えする神饌に必ず、塩と水とお米があります。以前からなぜ塩と水をお供えするのか、不思議に思っておりましたが、日本人の祖先は経験から塩と水に生命の原点を見て、それをお供えすることによって、神さまのいのちが現れてくるということを知っていて、神さまにお供えしてきたのかもしれません。

このようなことから、水のムスビの力によって遺伝子の情報と、細胞の中のタンパク質が結ばれ、そこに生命が誕生したのであろうと思います。

タンパク質の分子は、先ほど申しましたように、自然の気で動くブラウン運動を行なっておりますが、それに遺伝子の情報を伝えなければ、どのように生活したらよいか分からないわけでありますから、その間を結ぶのが塩水ではないかと私は考えております。

このことを十分に理解していただくためには、遺伝子というものについて、もう少しお話しないといけませんので、次は遺伝子のお話をしていきたいと思います。

第四章　遺伝子といのちの神秘

一　遺伝子

シンプルな原点

水というものが素晴らしいムスビの力を持っているということ、特に塩水が、いのちの伝達に欠かせないものであるというようなことは、私自身いままで考えも及びませんでした。

私はこれまで水のいろいろな性質について研究しているうちに、水にはムスビという素晴らしい働きがあるのではないかと感じ、ここまで書いてきたわけです。

では次に、遺伝子とは何かということについてお話していきたいと思います。

遺伝子の本体は、DNA（デオキシリボ核酸）という物質です。先頃ヒトのゲノムが解読されたと、新聞やテレビのニュースなどで大きく取り上げられておりましたが、このゲノムというのは、ある特定の生物の遺伝子を全部寄せ集めた遺伝情報全体を示す言葉です。

我々人間にはおよそ三十一億個ものDNAがあり、螺旋状に巻いた構造をしています。そしてこれが人間が生きていくための全遺伝情報をつかさどっているのです。

そして、このDNAの本体というのは非常に複雑で、カメの子が並んだような形のDNAの模式図を見たことがある方も多いと思いますが、基本となるのはA（アデニン）C（シトシン）G（グアニン）T（チミン）というわずか四つの塩基で、この四つ塩基の無限の組み合わせに、生物が生きるための全情報が刻み込まれるのです。

この広大な宇宙に存在するすべてモノの原点は六つのクォークであり、このたった六つのクォークの無限の組み合わせによって、大宇宙の全ての物質が現れているように、原点というのは非常にシンプルであり、すべては非常に簡素なものの無限の組み合わせによってできているのです。遺伝子もまた同じ仕組みになっているわけです。

今お話したようにヒトのゲノムは、およそ三十一億個の塩基でできているわけでありますが、その中に遺伝子はたった三万から四万個くらいしかありません。

それではこの遺伝子が、いったいどのような働きをするのかというと、例えば胎児はお母さんのお腹の中で十月十日発育し、出産後は大人まで自然に成長していきますが、これができるのはすべて遺伝子のなせるわざなのです。

どういうことかというと、我々が生きていくうえで、日々外界からいろいろな影響を受けますが、たとえどんな環境に出会ったとしても、それを乗り越えるだけの知恵が、あらかじめ体の遺伝子の中に組み込まれているということです。

つまり、長い人生の中では、初めて経験することが数多くあります。けれどもその多くは、祖先が過去に経験したことであり、その解決法は遺伝子の中に蓄積されているのです。

それなのに、自分の目先の我欲だけで生きていると、祖先からの知恵が働かず、どのようにしたら問題が解決できるかと、悩み苦しむことになるのです。

この世の中は、無数の問題や悩みごとが現れてくるものですが、なにごとも神さまに導かれる無我の生活を行ない、全ては神さまのお導きであるとそれに順応し、耐えて感謝の生活をしていると、遺伝子が活性化され、神さまのお導きと祖先からの知恵がひらめいてくるのです。

夢をもつこと

ですから、それぞれの民族はそれぞれの歴史を持っており、その民族がどのようにして生きればよいかということは、すべて遺伝子の中に組み込まれているわけですから、当たり前のことではありますが、それぞれの民族としての生き方をしてはじめて、幸せに生活することができるのです。

日本人ももちろん、祖先が伝えてきた日本人の生き方をすることによって、はじめて幸せな生活をおくることができるのに、戦後の日本人は、それを戦争につながる悪いものであるとか、外国よりも劣っているなどと否定して、外国、特にアメリカの人々の生き方が正しいなどと考えて、我欲と理屈だけの生活を行なったために、現在のような乱れきった日本の国になったのだと思います。

当たり前のことですが、アメリカ人はアメリカ人、イギリス人、中国人は中国人と、それぞれの民族としての生き方をしているのに、日本人だけが、日本人としての生き方ができていないのです。考えてみれば、まことに不思議な現象だと私は思うのです。

日本人は太古の昔から、神さまのお恵みに感謝して、すべてのものと共に生きる、真実の生活をしてきた素晴らしい民族です。

世界を見渡すと、日本人のような感謝と共生の生活をしている人々は稀れで、残念ながら大多数の民族が自分の力で生き抜こうとしておりますので、日本人自身も、日本人の生き方は世界に通用しない。日本だけのローカルな生き方だと考える人が多くなってしまいました。

けれども事実は全く反対で、日本人の生活こそ、現在よくいわれるグローバルな生き方であると私は思っています。

日本人が世界に貢献できるのは、経済の力でも科学の力でもありません。祖先から連綿と伝えられてきた人間の生きる道を、全世界に伝えるのが日本人の努めであり、そのために神さまは日本列島という島国を造り、そこに日本人を誕生させられたのではないかと私は考えております。

このようなことをぜひ、すべての日本人に知っていただき、失われた日本人としての誇りに目覚めて、生きがいのある人生をおくっていただきたいと思っております。

ところで、現代の若者には夢がないとよくいわれますが、それは国に夢がないからだと思います。

政治家をはじめ国を導く人たちが、私が今述べましたような、日本人の真実の人生を知ることができれば、日本人全体が無限の夢を持って生きることができるでしょう。

個人が夢を持つことはもちろん大切なことですが、民族の夢、国全体の夢を持つということも重要なことだと思います。

私ごとで申し訳ありませんが、私は子供の時から神さまのお導きによって生かされてきましたので、我欲で生きるという生活を、一度も許されない人生を歩まされてきました。このため現在の私から、自分の欲というのはほとんど消えてしまいました。

夢

私が現在考えていることは、どのようにしたら日本の国をよくできるか。また、いかにしたら世界の人々に真実の生活を送っていただくことができるか、それ以外のことは、考えられなくなりました。

神さまの導きのままに生きるというのは、非常に厳しい人生でありますので、時々それから逃げ出したくなりますが、逃げてしまえば私の人生は終わってしまいます。

ただただ、人々の幸せ、日本の国の幸せだけに、これまでも生きてきましたし、これからも、そのような人生を歩んでいこうと思っております。

これが私の夢です。

二　ゲノムと遺伝子

遺伝子の再構成

先ほど人間の全遺伝情報ゲノムは、ＤＮＡがおよそ三十一億個以上もあるのに、遺伝子はたった三万から四万個しかないというお話をしました。そのことについて、ここで詳しく説明しようと思います。

例えばショウジョウバエのゲノムは約一億八千個で、人間のおよそ一七分の一なのに、遺伝子は人間の半分の一万四千個程もあります。

すなわち人間のゲノムは、ショウジョウバエのゲノムの一七倍もあるのに、遺伝子はショウジョバエの二倍しかないのです。

このように下等な生物になるほど、DNAの数と遺伝子の数の差が少なくなり、最も原点に近い生物である細菌（大腸菌）などは、ゲノムと遺伝子の数がほとんど同じで、ゲノムがそのまま遺伝子として働いているのです。

なぜこのようなことをお話しているかというと、近年ゲノムと遺伝子の差は、免疫システムの違いとなってあらわれてくることが解明され、私はここに人間をお造りになった神さまの偉大な知恵があるように思うのです。

このことは免疫のお話をする時に、また詳しく説明いたしますが、昆虫などの下等な生物は、自然免疫という方法で、病気の原因となる細菌やウイルスなどの異物を防いでおります。

この自然免疫というシステムは、白血球などの免疫細胞に備わる、トールという細菌などを認識する受容体《じゅようたい》（センサーの役割をはたすもの）が、体に入ってきた異物を見つけ出し、それを免疫細胞自身が殺し、病気にならないように防いでいます。

人間は昆虫よりも進化しておりますから、当然この自然免疫も持っておりますが、こ

ヒトゲノムと遺伝情報

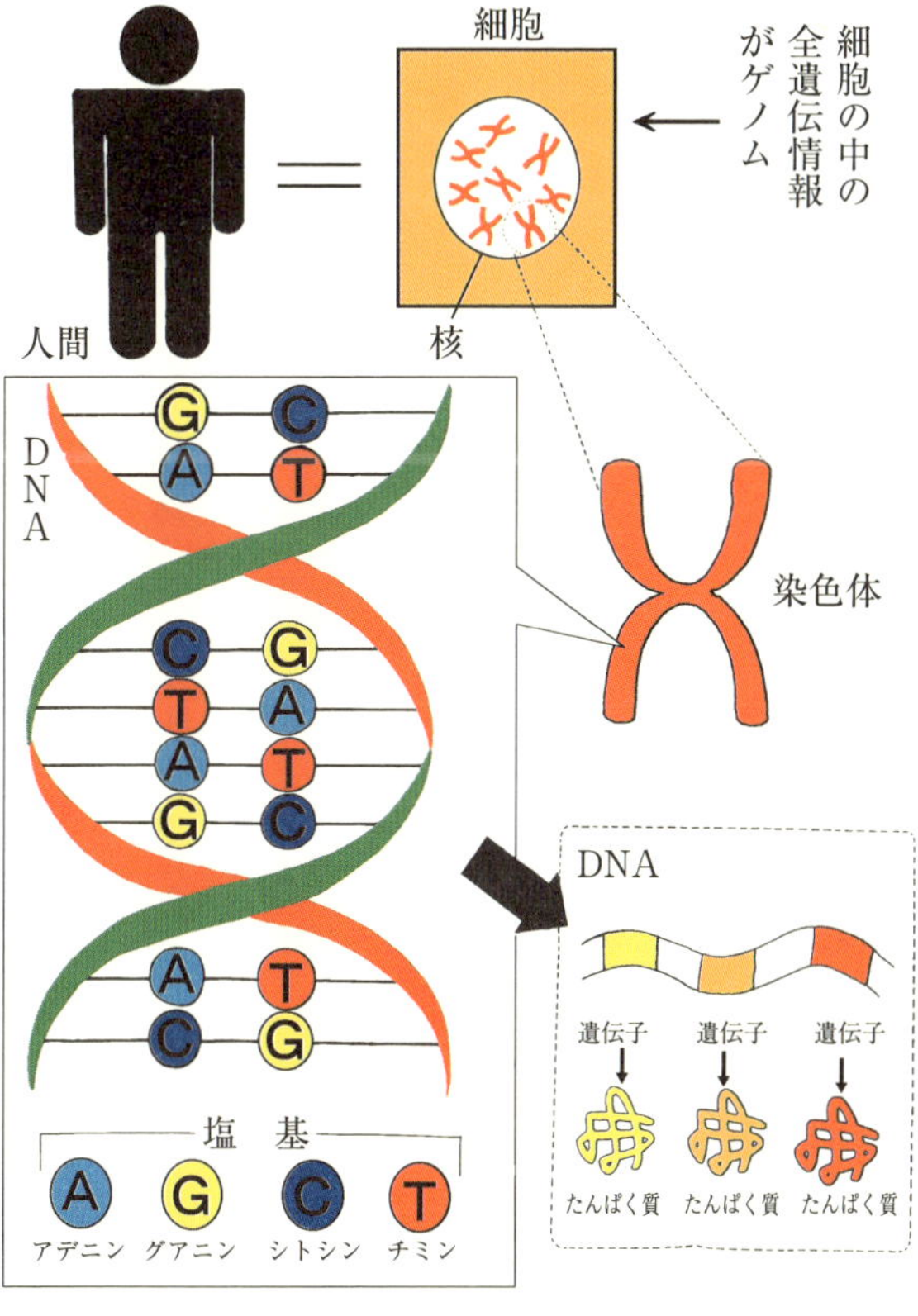
細胞
細胞の中の全遺伝情報がゲノム
人間
核
DNA
染色体
DNA
遺伝子
遺伝子
遺伝子
たんぱく質
たんぱく質
たんぱく質
G
C
A
T
C
G
T
A
A
T
G
C
A
T
C
G
塩　基
A
G
C
T
アデニン
グアニン
シトシン
チミン

の上に他の生物とは全く違う、獲得免疫という素晴らしく進化した免疫システムを持っているのです。

それではこの獲得免疫というのはどのようなものかというと、人間だけにTリンパ球という免疫細胞があり、これが体に入ってきた細菌などに対して、タンパク質の一種である抗体というものを作り、それで病原体を防いでいるのです。

抗体は入ってきた細菌だけを防ぐのであって、例えばAという細菌が入ってくれば、Aという細菌だけを防ぐ抗体を作ります。

地球上には無数の細菌や微生物がおり、それに対して一つずつ違った抗体を作るわけですから、Tリンパ球は膨大な数の抗体を作らなければなりません。

けれどもこの抗体のすべてを、免疫細胞の遺伝子が作るわけですから、とても人間の三万から四万個くらいの遺伝子で作れるわけがありません。

しかし実際には無数の抗体を作っているわけですから、最初から無数の細菌や微生物に対応する遺伝子があるのではなく、細菌や微生物が入ってくるたびに、三十一億もあるDNAが、そのつど組みかえられて、特定の異物にたいする遺伝子を作っていると考えられるのです。

これを遺伝子の再編成と呼んでいます。このことは非常に難しいことですが、これは単に遺伝子のことだけではありません。

人間が生きていくためのシステムは、他の生物と全く異なる進化をしたもので、これによって我々は生かされているのです。

このように、神さまはどんな細菌でも防げる免疫システムに進化させて、人間を誕生させられたのですから、人間は細菌やビールスなどで病気をするはずがない。

すなわち、人間は病気をしないように神さまはお造りになったのに、なぜ現代の人々は病気ばかりするのでしょうか。ここに健康にたいする原点を失ってしまった姿があるように私は思います。

すべてに意味がある

ところで、宇宙になぜ無数の星があるのか。何かあまり意味がないことのように考える人が多いのですが、それはまったくの間違いです。

この宇宙に無意味なものなど、神さまは誕生させられてはいません。無数の星が全体のバランスをとる。すなわち多様性のバランスをとることによって地球が誕生し、その地球の上に生物、人間が誕生したのだと思うのです。

人間の体は宇宙の仕組みの縮図であるといつもお話しておりますが、免疫もこの大宇宙の神秘の仕組みと同じ仕組みでできているのです。

先ほども申しましたが、人間のＤＮＡは三十一億個もあるのに、遺伝子はたった三万から四万個しかありません。

このため残りの膨大な数のＤＮＡは、いったいなんのために存在するのか最近までわからなかったのですが、いま説明したように、この一見無駄のように思われるＤＮＡが再編成することによって、無数の抗体を作るうえで、重要な役割をはたしていることがわかってきたのです。

このようなシステムは、人間の他の器官にもたくさんありますが、神さまは決して無駄なものを人間の体にお造りになっていないということを、ぜひ知っていただきたいと思います。

よく自分にはなんの能力もなく、生きていてもあまり意味がないではないかと思っている人がおりますが、これもまったくの間違いです。

いまお話したように、神さまは無意味な人間など誕生させてはおりません。人にはそれぞれ誕生してきた目的、意味があるのですが、原点を知らないために、いたずらに無意味な人生をおくっている人がたくさんいます。これは神さまにたいする大きな冒瀆であると私は思います。

いつもお話しているように、人間は神さまの世界を認識し、それを表現するために地球上に誕生してきたわけですから、一人一人が自分が受け持った範囲で、神さまの世界を認識し、表現するのが地球上に誕生してきた意味であり、またそのための人生をおくることが神さまの意思に沿うことだと思います。

このことを知っていただきたいと思い、遺伝子のお話をしたわけです。

免疫のお話は後で詳しくお話しますが、その前に三十八億年前に地球に初めて誕生した生物、それを原核《げんかく》生物といいますが、そのことについて少し述べてみたいと思います。

三　原核生物と真核生物

細菌は死なない？

ここまで、遺伝子や人間の免疫の仕組みについてお話をしてきました。ところで、人間と他の生物とはどこが違うのでしょうか。

いつもお話しているように、人間と他の動物の違いというと、目で見える姿形の違いだけに注目する人が多いのですが、そのような外見の違いだけでなく、根本的に人間は他の生物とは違うのです。

神さまがそのように導かれて進化して人間になったというお話を何度もしてきました

が、このことを改めて知っていただきたいと思います。

これから、地球上に初めてできた生物（原核《げんかく》生物）のお話をしますが、この生物が進化して、三十八億年経ってから人間が現れたわけです。

いつもお話しするように、進化というのは原点を持ちながら、少しづつ変わっていくことですから、人間ももちろん、この原核生物の基本的な姿や生き方というものを持っているわけです。このことを先ず知っていただきたいと思います。

今から三十八億年くらい昔に、タンパク質とＤＮＡが海の水の中で結ばれて、原点の生物が誕生したことは前にもお話しましたが、この原点の生物は原核生物といわれております。

現在、地球上には一四〇万種類以上の生物が生活していると言われておりますが、生物の基本構成単位の細胞の構造と機能から分類すると、原核生物（プロカリヨート prokaryote）と、後に進化した真核《しんかく》生物（ヨーカリヨート eukaryote）の二種類に分けられます。

プロカリヨートのプロ（pro）というのは、「……の前」という意味で、カリヨートは「核」を意味しますから、原核生物は核を持っていない生物という意味です。

このように原核生物には核がありませんので、ゲノム（ＤＮＡ）は細胞の中にそのままの形で存在しています。

ですから原核生物が生きる仕組みは単純で、後に述べる真核生物のように、核膜と呼ばれる仕切りの中に遺伝子が存在するのとは異なり、原核生物は細胞の内のあらゆるところで、ＤＮＡの情報が翻訳され、タンパク質が合成されているのです。

このようなことから、原核生物はＤＮＡがそのまま遺伝子であるという、簡素な仕組みになっています。これを科学的に言うと、原核生物は遺伝子の転写がそのまま遺伝子の発現と同じになるのです。

この原核生物には、マイコプラズマ（最小生物）や細菌類などがあり、これらはすべてＤＮＡの情報そのもの、つまり神さまから与えられた生きるための情報だけで生きています。

ところで、地球上に存在する無数の細菌は、なにか病気を起こすために存在するように多くの人々は考えておりますが、これはまったくの間違いです。

原核生物・真核生物

原核生物は、遺伝子がほぼ裸のまま細胞内にあり、核膜がありません。大腸菌などの細菌類や藍藻類などが、これに含まれます。(図1)

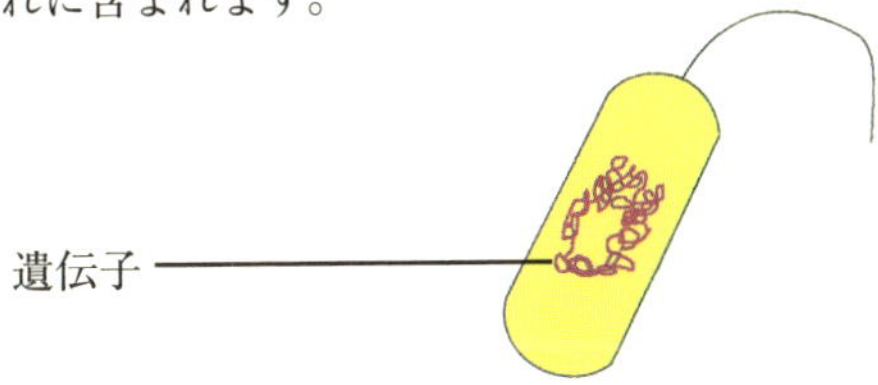

図1　原核生物

これに対して、核膜を持つ、つまり核の中に染色体の形で遺伝子が入る構造を持つ生物を、真核生物といいます。ヒトなど脊椎動物から植物、原生動物などほとんどの生き物が、これに含まれます。(図2)

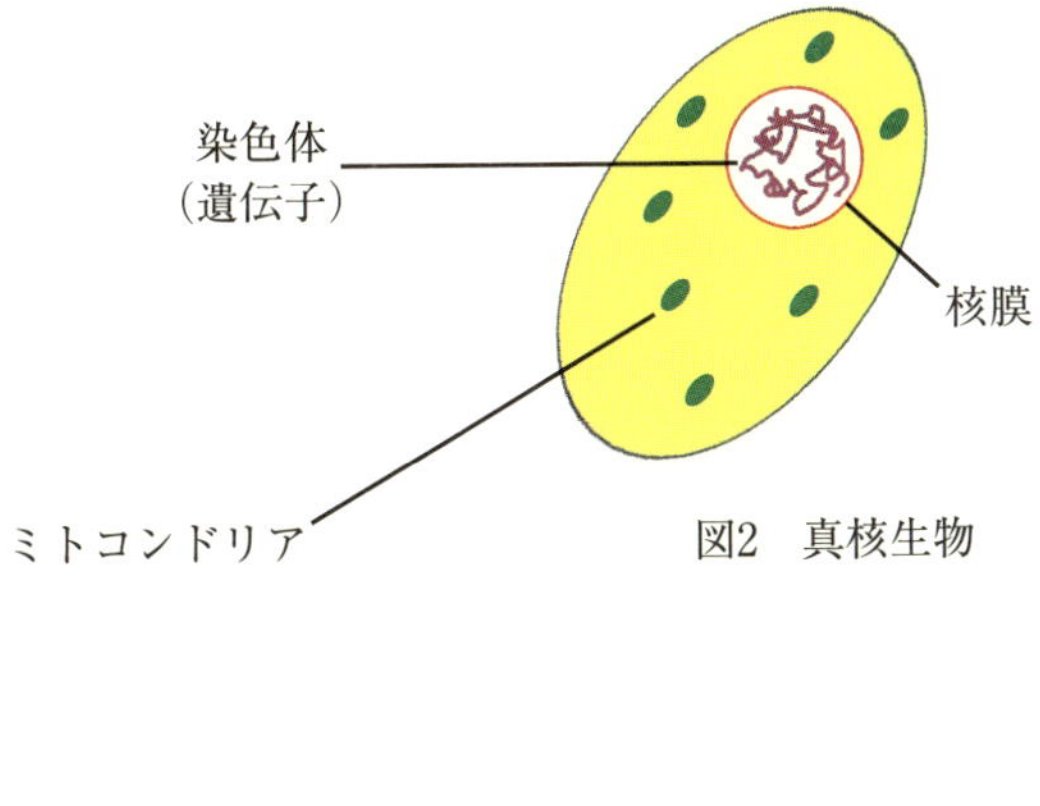

図2　真核生物

細菌というのは、地球上のすべての生物を生かすために生きているのです。そして細菌は百パーセント神さまのお導きで生き、しかも他の生物を生かすために生きていますので、細菌は年をとることも、また殺さない限り、死ぬこともないと言われております。私はこれこそ生物の原点の姿ではないかと思います。

人間もまた、細菌の働きによって生かされているのですから、人間の生きる道は、神さまのお導きによって生かされていることに感謝し、そして自分のためではなく、自分以外の人々、神さま、そして祖先が喜ばれることだけに生きるのが、真実の人間の生活であろうと私は思います。

「うつくしさ」とは

ですから、私たち日本人の祖先が伝えてきた、神さまのお導きによって生かされることに感謝し、神さまや祖先をはじめ、すべてのものと共に生きる感謝と共生の生活こそ、まさに神さまが与えられた人間の真実の生活ではないかと思うのです。

このような生活をすれば、病気をすることもないでしょうし、また年をとって衰えるということもないと思います。

戦後の人々はこのような真実の生活を行なわず、目先の我欲だけで生きるものですから、多くの人が病気をしたり不幸になったり、年をとればいろいろな障害が現れてくるのではないかと思います。

ところで、『神道と〈うつくしび〉』の中にも書きましたが、「うつくしい」という字はどのように書きますかと質問すると、多くの方は「美しい」という字であると答えるでしょう。

この「美」という字は、外観を飾ることからあらわれる「うつくしさ」を意味しています。女性がきれいな洋服を着、イヤリングやネックレスなどを身につけて、外観を美しくすることをあらわしたのが、この「美」であると思います。

けれども日本人は元来、「うつくしい」という日本語に、この「美」は用いておりませんでした。

昔の書物では「うつくしい」ということを表すのに、「徳」の字を当てはめているのです。

中国では、「徳」の高い人が最高に偉い人格者であるということで、聖人といっておりますが、日本人は体の中に神さまの姿を持った人が、最も「うつぐしい」と考えておりましたので、このようなことから「うつくしい」という日本語に、「徳」という字を当てはめたのだと思うのです。

この「うつくしさ」は内面からくる「うつくしさ」でありますから、一生衰えることはありません。

外観の美しさというのは、年月がたてば失われてゆくものですが、内面の「うつくしさ」は肉体が失われるまで、失われることはないのです。

また、内面に神さまのうつくしさを持ち、神さまの導きに従って人々の幸せのためにのみ生きる人は、老人になっても真実のうつくしさを持っております。

私もそのような人生をおくることができたら素晴らしいと思い、努力しているのです。

これもまた人間の真実の夢であり、このような夢をみなが持つならば、日本の国は世界で一番「うつくしい」国になると思います。

真核生物とミトコンドリア

次に真核生物のお話ですが、いまお話した原核生物が進化すると、細胞の中に核を持つ真核細胞があらわれてくるようになり、この真核細胞からなる生物を真核生物と呼んでいます。

真核細胞のＤＮＡは、染色体という形で核の中に収容されていますから、遺伝子の情報が転写される場所は核の中であり、細胞の体である細胞質とは、完全に隔てられています。

このため遺伝子の情報の発現は、原核生物に比べて複雑となり、遺伝子の転写がそのまま遺伝子の発現とはいかなくなるのです。

しかも真核細胞は、一般に原核細胞よりも細胞自体が大きいので、遺伝子のある場所から情報を伝える場所までの距離は、細菌などの原核生物より長く、時には千倍以上も長くなることがあります。

特に神経細胞などは、細胞質の長さが一メートル以上におよぶものがあり、平均的な細菌の細胞質の長さが一マイクロメートル（一〇〇万分の一メートル）ですので、その一〇〇万倍にもなります。

このようなことから、真核生物は遺伝子の情報を速やかにあらわすために、効率的に細胞内に情報を送る必要があり、このため細胞内のいろいろな領域などが分担し、連絡を取り合う大変高度で複雑な仕組みになっています。

人間の体を造る細胞はもちろん真核細胞でありますが、人間は他の真核生物以上により高度に進化しておりますので、遺伝子の情報を一〇〇パーセント引き出し、またそれを細胞に伝えるということが、生物の中でも一番複雑になっています。

このため人間の体は、他の生き物とはまったく異なる進化の過程を経て、他の生物には見られない非常に機能的な構造になっております。

けれども毎日生活している上であらわれる、いろいろなストレスや環境の変化などによって、神さまからいただいているDNAの情報を機能的にあらわすことができなくなり、そのためにいろいろな病気や障害があらわれ、悩み苦しむことになるのだと思います。

また、我々人間をはじめ、ほとんどの真核生物の細胞質には、ミトコンドリアというものがたくさん存在しています。

これは宇宙に最初にあらわれた最も小さい細菌が、細胞の中に入り込んだものといわれておりますが、このミトコンドリアが、我々が食べた栄養をエネルギーに換えてくれるおかげで、我々は生きることができるのです。

このような仕組みで我々は生きることができるのですから、私たちは細菌との共生によって生かされているという真実のことがわかっていただけると思います。

いま細胞の中にミトコンドリアといわれる微生物がいて、これがエネルギーを作ってくれるおかげで、私たちは生きていけるのだとお話ししましたが、我々と共生している細菌や微生物はこれだけではありません。

我々の体、特に腸の中には無数の細菌や微生物がおり、これらの細菌類が食べたものを発酵させて分解し、我々にとって必要な糖・アミノ酸・ビタミン類などいろいろなものを生み出してくれるので、食べたものが生きる力となってくるのです。

また、大腸の中にいる無数の細菌は、不要となったものを外に排泄《はいせつ》できるようにしてくれているのです。

これはまさに細菌との共生の姿であり、我々は細菌のおかげで生かされているといっても過言ではありません。

それなのに近年は、なんでもかんでも抗菌だと言って、細菌や微生物を殺すことばかりを考え、怪我をしたり体の調子が悪くなれば、すぐに細菌を殺す抗生物質を飲んだり、また食べ物も毎日このような薬を使ったものばかり食べています。

ですから当然、体内の細菌は死んだり、弱ったりしますから、われわれの生きる力もまた当然、衰えていろいろな病気になるのです。

これもまた生物の原点を忘れた姿であり、ここにも多くの病気を引き起こす原因があると思います。

四　免疫と自己

獲得免疫と自然免疫

先ほど免疫について触れましたが、ここでもう少し詳しく、免疫のお話をしたいと思います。

先ほども述べましたように、人間には他の生物には見られない獲得免疫《かくとくめんえき》というシステムがあるといいましたが、ここで考え違いをしていけないのは、人間が元々から獲得免疫を持っていたのではなく、獲得免疫という他の生物には見られない素晴らしい免疫システムに進化したために、人間になったということです。

これを詳しく述べるのは非常に難しく、とてもできることではありませんが、これからそのことについて、わかりやすく簡単にお話してみようと思います。

先ず獲得免疫というのは、細菌や微生物が体の中に入ってきた時、Tリンパ球という免疫細胞がこれを認識し、異物を排除するための抗体を作ることでありますが、それではこのTリンパ球は、どのようにして細菌などが自分とは違う異物であるということを知るのでしょうか。

科学が発達して少しずつではありますが、この複雑な免疫の仕組みについて解明されてきました。

それによると人間には子供のころ、胸のところに胸腺《きょうせん》というものがあり、Tリンパ球はこれに触れることで、免疫細胞としての能力を得るようになると、考えられるようになってきました。

このようなことから、生まれてまもない子供は、大人のような免疫能力を持っておりませんので、お母さんから免疫の力をもらって生きておりますが、その間に自己というものを確立するために、Tリンパ球はそのような時から胸腺に触れ、自己を知る訓練をしているのです。

この自己というものを説明するのは非常に難しいのでありますが、わかりやすくいえば、本物の自分を知るということです。

そのためにTリンパ球は胸腺に触れるのですが、胸腺にべったりくっついたTリンパ球、あるいは胸腺から離れてしまったTリンパ球は、免疫の能力を得られませんので、当然死んでいくのです。

けれども、適当な距離を置いて胸腺に触れていたTリンパ球だけが、本物の自分というものを知ることができ、このようにして自己を知ったTリンパ球は、細菌が体の中に入ってきた時、この細菌に触れ、自分とは違う異物であることを認識するようになるのです。

つまり偽物《にせもの》を知るためには、偽物をいくら研究してもだめで、本物を知れば、偽物はすぐわかるということです。

宝石の鑑定をする人の話を聞くと、本物か偽物か見分けるには、本物の宝石を十分に知っていることが必要であり、そのような人は一目で本物と偽物を見分けられるといわれております。免疫もまさにその通りで、本物の自分を知らなければ、異物はわからないのです。

また、もう一方の自然免疫ですが、これは獲得免疫とは異物を見分ける方法が異なります。下等な生物が持っているこの自然免疫は、異物を形で見分けるのです。これを難しい言葉でパターン認識といいます。

これに対して、獲得免疫を行なう人間のTリンパ球は、自然免疫のように異物を形で知るだけでなく、その細菌の持っているDNAを認識する、DNA認識をしているのです。

このことについては次の本で詳しく述べたいと思いますが、自然免疫はパターン（形）で異物を認識します。

けれどもDNA認識する獲得免疫は、そのものの本質（DNA）に迫って異物かどうかを確認し、異物であればその異物だけを殺す抗体を作るという、素晴らしい免疫システムになっているのです。

なぜこのようなお話をするかというと、動物はモノを見たり感じたりする時、このパターン認識をしているのですが、人間はそうではなく、その現象の奥にある本質を認識することによって、物事の真実を知るという他の生物には見られない素晴らしい能力を持っているのです。

それなのにこの素晴らしい能力を活用しなければ、人間も動物と同じになってしまいます。

現在では姿や形は人間だけれども、動物とまったく同じパターンでものごとを認識している人がたくさんいますので、いろいろな事件や問題がおきてくるのだろうと私は思っています。このことについては、後でもっと詳しく述べさせていただきたいと思います。

免疫システムの不思議

ところで免疫というと、体の中に入ってきた異物を排除することだけが役目だと考えている人が多いのですが、そうではありません。

私は医者として、形成外科の治療を永年行なってきましたが、その手術の中で皮膚を移植する植皮《しょくひ》を行なうことがよくあります。

例えば事故などで皮膚が欠損したり、火傷でケロイドなどになった時、そこに植皮をして、症状を回復するということがよく行なわれますが、この場合、自分以外の皮膚は絶対に生着《せいちゃく》いたしません。

たとえ親子でも、また一卵性双生児でも絶対に生着しないのです。しかし自分の皮膚であれば、どこの部分から持ってきても生着するのです。

これはいったいなぜなのか。考えればまことに不思議なことですが、これはつまり、人間の皮膚は素晴らしい自己というものを持っているということなのです。

近年、心臓とか腎臓などを、他人からもらって移植する臓器移植が数多く行なわれ、これが成功したという話が、新聞やテレビなどでもよく報道されています。

このニュースを見た多くの人は、心臓が移植できるのなら、皮膚は簡単に他人から移植できるだろうと考えますが、いま申しましたようにこれはまったくの逆で、他人の皮膚は生着しないのですが、自分の皮膚なら大丈夫なのです。

このように免疫システムというのは、異物を排除するということだけでなく、自分と同じものは、一つになるようになっているのです。

ところで日本人はよく、外国の文明を簡単に取り入れるといわれております。

例えば、もともとは外来の宗教である仏教も日本のものとし、多くの日本人は何の違和感もなく、結婚式などおめでたいことは神社で、葬式などの不祝儀はお寺で行なっております。

そんなことから、日本人は宗教心がないとよくいわれますが、それはまったくの間違いです。

これは免疫システムと同じで、日本人は自分の中に取り入れてもいい、すなわち自分と同質のものであると考えると、それを取り入れて自分のものにしてしまうという、素晴らしい能力のあらわれだと思うのです。

日本以外の国では、外国の宗教や文明を簡単に取り入れ、自分のものにするなどというのは、見たことも聞いたこともありません。

そのために外国では同じ国でありながら、宗教が違うために国民同士が殺し合いをしている国がたくさん見られます。

そうした対立の世界を見聞きするにつれ、たとえ外来のものであったとしても、同質であれば一つになってしまう日本人の生活こそ、神さまの意思にそった真実の生活ではないかと思い、この真実をぜひ多くの人に伝えたいと思うのです。

ある本に、柿安本店社長の赤塚保氏の「本物を知る」という興味深い文が載っていましたので、ここに紹介させていただきます。


なぜ人は一度触れただけでわかったつもりになってしまうのでしょうか。本当に良いもの（本物）は、何度触れても毎回違う学びや発見があります。

だからものごとの良さや、その本質を知ろうと思ったら、くり返しくり返し、何度も触れ続けて初めてやっと見えてくるのです。人生は常に本物に触れ、本質を見抜く目と感性を育てることが大切です。

よく「並肉」がうまい肉屋の肉は、すべてがうまいといわれます。一般に硬いといわれる並肉でも、肉を充分に知っている職人がさばけば、柔らかいのでありまして、その味に差が出てくるのです。

このささいなところにこそ、本物を知る力があらわれるのです。

パターン認識とＤＮＡ認識

いま、パターン認識とＤＮＡ認識の違いについてお話ししましたが、まだ良くお分かりにならない方もおられるかと思いますので、このことについてさらに踏み込んで説明してみようと思います。

動物というのは、物事を形で認識するパターン認識を行います。これに対して人間は、その物事がなぜ現れてきたのかという、その奥の意味を知るのが人間なのです。

例えば、オリンピックで金メダルをとると、近頃の日本人は金メダルを何個とったかということだけを問題にしますが、これでは、いまお話しした動物が行なっているパターン認識です。

人間はそうではなく、金メダルをとるのに、その選手がどれだけ厳しい練習をしてきたのか。また、いろいろな障害を乗り越えた結果、金メダルをとることができたのだろうとか、金メダルをとったという結果ではなく、そこに至る過程に思いを巡らすのが人間だと思うのです。

前に、アポトーシスのお話をしましたが、子供の時からいわゆる平面の情報であるテレビゲームやインターネット、携帯電話のメールなどを長時間やっていると、パターン認識ばかり行なうようになり、次第に人間の本質である情緒などの感情をつかさどる脳細胞が消えていき、だんだんと動物に近づいてしまうのです。

これは、現代の日本にとって、非常に大きな問題です。現在、簡単に人を殺したり、幼い子供を傷つけたり、また金もうけのためには手段を選ばない事件など、少し前には考えもできないような事件が起きていますが、このようなことはまともな人間の行動とは思われません。

このような事件を起こす人の脳は、アポトーシスによって人間の特徴を現す脳細胞が消えているのかもしれません。姿や形は人間でも、動物的なものの見方、考え方しかできない人間が多くなったら、いったいその国はどうなるのでしょうか。

胸腺とTリンパ球

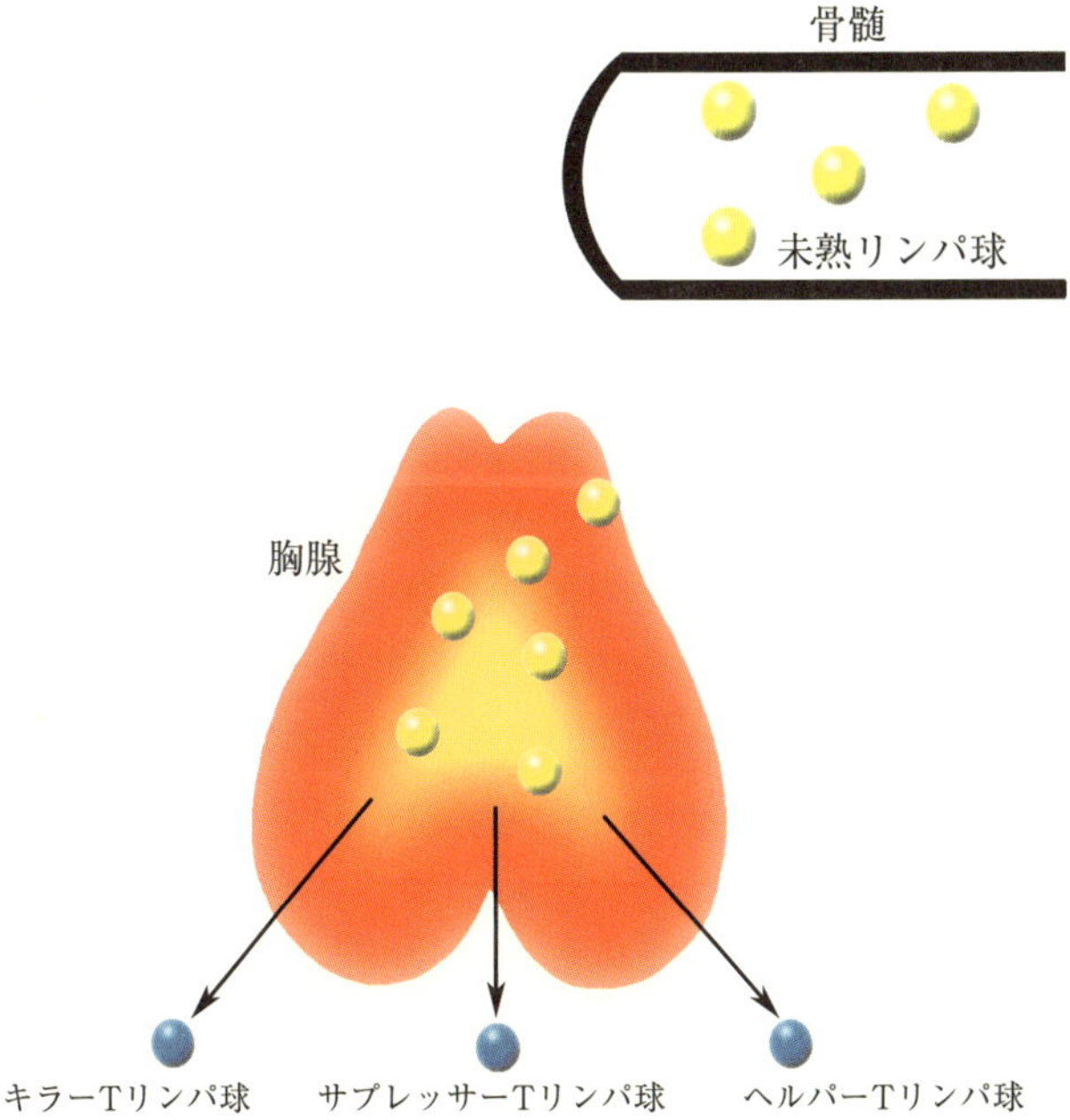
骨髄
未熟リンパ球
胸腺
キラーTリンパ球
サプレッサーTリンパ球
ヘルパーTリンパ球

私はこのことを何度もくり返しお話していますが、それは多くの人々にこのような重大な問題があるということを気づいてほしいからです。

どうか、もう一度人間の原点に返って、物事を見たり考えたりしていただきたいと思います。

五　免疫は両刃の剣

アレルギーとTリンパ球

ある本に、世界的な免疫学の大家である、大阪大学前総長岸本忠三博士が、「免疫病との闘い　世紀を超えて」という、私たちの生活に直結する非常に興味深い論文を書かれておりました。

博士がこの論文で伝えたいことを、多くの方々に知っていただきたいと思いますが、これは免疫学に関する大変高度で難しい内容でありますので、分りやすくかいつまんで紹介させていただこうと思います。

それによると、戦後わが国では、昔はほとんど見られなかったアレルギーによる病気が、たくさん現れてくるようになりました。

アレルギーというのは、血液のある物質によって移されるものですので、博士はこの原因を抗体であるといわれております。

抗体というのは、本章の「ゲノムと遺伝子」のところで説明したように、免疫細胞であるTリンパ球が、体内に入ってきた微生物などの異物を排除するために作る物質で、体を守るためのものですが、一方ではアレルギーを起こすことがある。これはいったいなぜなのかというものです。

このことは専門的なお話になりますので、できるだけわかりやすく簡単に説明すると、先ず、免疫細胞であるTリンパ球には、Th1（ティー・エイチ・ワン）とTh2（ティー・エイチ・ツウ）という二つのものがあり、Th1は体の中に入ってきた微生物などにたいして抗体を作り、病気になるのを防いでいるのですが、これに対してTh2は、アレルギーを起こす作用があるということがわかってきました。

そしてTリンパ球がTh1の方向に行くか、Th2の方向に行くかは、外界の環境によって決まります。

つまり、外界に細菌やウイルスなどの微生物がたくさんいれば、それから体を守る抗体を作らなければなりませんので、Ｔｈ１の方へ行くのですが、反対に非常に清潔な環境ならば、抗体を作る必要がありませんので、Ｔｈ２の方に行くのです。

日本では戦前あるいは戦後まもないころには、花粉症の人はほとんどいませんでしたが、今や人口の一〇パーセントくらいの人が花粉症と言われるくらいに、花粉症の人が増えてきました。

これはなぜなのかというと、日本は戦後、経済が発達して生活は豊かになり、私たちをとりまく環境も、以前に比べて非常に清潔になりました。

また、医学の知識が広がり日本人の考え方が大きく変わって、細菌や微生物は病気を引き起こす悪いものであると考えるようになり、それ自体は間違いではないのですが、国全体で極端に細菌や微生物を殺す方向にすすんできました。

例えば抗菌グッズなどといって、日常使うものにも抗菌の薬が使われておりますし、また微生物を殺す抗生物質を含んだ薬が普及して、患者さんがすこしでも熱を出すと、すぐに抗生物質を与えるお医者さんもいます。

さらに、私たちが毎日食べている食品にも、多量に抗生物質が使われているものがあるのです。

これらのことから、私たちをとりまく環境は極端に清潔になり、Tリンパ球が抗体を作るためにTh1の方に行く必要がなくなりましたので、おのずからTh2の方に行くようになり、そのために花粉症の人が非常に増え、またアトピーやその他たくさんのアレルギー性の病気が起こるようになったのだと考えられています。

免疫と人生

このようなことから、免疫は両刃の剣といわれますが、これは単に免疫の話だけではありません。人生もまた免疫と同じで、両刃の剣であると私は思います。

日本は戦争に負けてから、過去の歴史や伝統はすべて戦争につながる悪いものであり、また、外国よりも劣っているなどと否定して、外国の理屈だけの教育を行なってきました。

このため、戦後の日本人は、日本人としての自己を失い、免疫の基本である自己・非自己の判断ができなくなってしまい、そのために政治の腐敗や不況、さらには犯罪の低年齢化など、さまざまな問題となってあらわれてくるのだと思います。

つまり、現在の日本の国は、アレルギーの病気にかかっているのではないかと私には思われるのです。

また個人的な問題でも、よく「私は何も悪いことをしていないのに、どうしてこんなに病気になったり、いろいろ不幸なことになるのでしょうか。この世の中に神さまも仏さまもないのではないでしょうか」というような相談を受けることがあります。

これも免疫と同じで、ただ悪いことをしなければそれでよいというのではありません。自分以外の人や祖先や神さまが喜ばれるような、よいことをしなければ真実の幸せはあらわれてこない仕組みになっているのです。

いま述べましたように、ただ悪いことをしないというのは、先ほどの例で言えば、薬でばい菌を殺したために、抗体を作る必要がなくなり、Ｔｈ１は働かなくてよくなったということです。

そうすると今度はアレルギーを作るTｈ2が働き出し、さまざまな問題となってあらわれてくるのです。

それではアレルギー（病気や不幸）を防ぐためにはどうするか。それにはどうしてもTｈ1が活動して、抗体を作り細菌や微生物を防ぐように、よいことをしていかなければだめなのです。

このように人生は単に悪いことをしなければよいというのではなく、よいことをしなければ幸せはやってこない。このことを体の免疫システムは示しているのではないかと思います。


これまでの話で、細菌は病気を起こすために地球上に現れたのではなく、すべての生物を生かすために、神さまは細菌をお造りになったということが、分かっていただけたのではないかと思います。

ですから、むやみやたらに細菌を殺すことばかり行なえば、やがては自分で自分の首を絞めることになるということを、よく知っていただきたいと思います。

また免疫細胞が、体内に入ってきた微生物をどのように知るのか。それは胸腺に何度も触れることによって自己を知った免疫細胞が、体内に入ってきた微生物に触って、自分とは違うものと認識し、それに対して抗体を作るということもお分かりいただけたと思います。

そして、免疫システムというのは両刃の剣で、一方では抗体を作るが、他方ではアレルギーを作るということもお分かりになったと思います。

このように、人間の免疫システムは、他の生物とは全く違った進化した免疫システムであり、これによって我々は生かされているわけでありますから、この免疫システムの作用が、私たちの人生と同じであるということもお分かりいただけたと思います。

ですから子供たちにも、先ず本物に何度も何度も触れさせて、本当の自己を教えていけば、この世の中で何が正しいのか。また、何が良くないことなのかということが、分かってくると思います。

そして、神さまや祖先、そして自分以外の人を幸せにし、喜ばせるという生活こそ、神さまが与えられた真実の人生であるということも分かっていただけたと思います。

これらはすべて、細胞の中の遺伝子の働きのあらわれでありますが、遺伝子はただ存在するだけでは意味がありません。活性化して働いてくれなければ、神さまから与えられた生きる知恵は現れてこないのです。

この遺伝子を活性化する一つの方法に笑うということがあり、これが非常に大切であるということが最近言われるようになってきましたので、次に笑いについてお話していきたいと思います。

六　遺伝子と笑い

遺伝子の活性化

遺伝子というものは、ただＤＮＡと呼ばれる塩基が並んでいるだけでは、なんの役にも立ちません。

これが活発に活動（発現）してくれなければ、人間は健康で幸せな生活はできない仕組みになっているのです。

けれども、神さまや祖先からいただいた生きるための知恵、すなわちＤＮＡの中に含まれた情報を、一〇〇パーセント活躍させるというのは至難のわざです。

そこで筑波大学名誉教授である村上和雄博士が、「遺伝子と笑い」という題で、遺伝子を活性化させるための興味深いお話をされておりますので、それを紹介させていただこうと思います。

村上博士はよく、「遺伝子は細胞の中にただ存在するだけでは活動しません。遺伝子は体の中で、スイッチをオンにしたり、オフにしたりしていますので、よい遺伝子のスイッチをオンにしていれば、健康で進化していく生活ができるようになるのです。それでは、どうすればスイッチをオンにできるのでしょうか。それは人間だけが持っている感情、つまり感動、感謝、笑い、そして夢を持って、いきいきと毎日を生きることです」と言われておりますが、私もこれに同感です。

前にも言いましたが、例えば働くというと、現在では労働という意味に解釈され、なにかつらい仕事をしたり、それを我慢していくことが、働くことであるというように考えられておりますが、それはまったくの間違いです。

「はたらく」という言葉の原点（大和言葉）は、「はた・らく」でありますので、そのような意味はまったく含まれてはおりません。

「はた」というのは周囲のことで、「らく」とは楽しいという意味ですので、まわりの人々を幸せにしようという夢を持って、それに邁進《まいしん》することが、働くことの真実の意味なのです。

このことを昔の日本人は知っていて、このような素晴らしい言葉を使い、また、良いことであれ、悪いことであれ、どんな状態になったとしても、神さまから与えられたものと感謝して、毎日いきいきと生活してきたのです。

これこそまさに、博士のいわれるような、遺伝子を活性化する生活であったわけです。

アホになる

そして博士は、遺伝子を働かせるには、アホになることだといわれております。ここでいうアホというのは、ばかという意味ではありません。

アホというのは、なにごとにも理屈をいわないで、面白いことには無条件に反応して笑うことです。

また、過去を引きずる人は、笑わないといわれておりますが、これは定年になると急に衰える人や、いつまでもつらい過去にこだわる人のことを指しています。

例えば、自分は有名な大学を出て、会社では重役で、現役時代はたくさんの部下がいた。このように、過ぎ去った過去の栄光をいつまでも引きずっていますと、いわゆる自《うぬ》惚《ぼ》れが邪魔をして、こんなくだらないことで笑ったら、自分のプライドが傷つくと思って、笑えないのです。

そうすると遺伝子はオンにならず、病気になったり不幸になったりするのです。アホというのはすなわち、面白いことには無条件で反応する姿をいうのです。

嘘をつかない

現在はなにごともお金が中心で、金を得るためには手段を選ばず、嘘をついて人をだまし、お金をもうけようとする詐欺など、新聞やテレビのニュースには、毎日のように嘘をついて人を騙《だま》す事件が報道されております。

また、政治家・官僚・マスコミなど、社会に影響力をもつ人が平気で嘘を言うなど、現在の日本の国は嘘であふれかえっております。

このために、国民一人一人のもろもろのよい遺伝子はオンにならず、オフのままでありますので、日本の国全体が暗くなり、汚くなっていくのです。

こうしたことについて『神道と〈うつくしび〉』にも書きましたが、真の美しさというのは外見の美しさではありません。

内面に神さまの美を持つことが本当の美しさであるのに、戦後の教育は人間としての中身、すなわち人格を素晴らしく育てるということをまったく忘れ、ただ知識ばかりを求め、優秀な学校に入り、一流企業で働くことが立派だと勘違いした結果、現在のような日本の国はじまって以来の、乱れた世の中になってしまったのです。

いまこそ理屈を捨てて、無条件に神さまの素晴らしさに感動し、感謝する生活に戻らなければならないと思います。

免疫と遺伝子

免疫細胞の中には、脳の細胞の中にある遺伝子が全部含まれていますから、脳の働き、すなわち心の働きは免疫細胞に直接伝わりますので、暗い心を持てば免疫力は衰え、明るい感謝のこころを持てば、活性化するというのは当然のことです。

このようなことから、現在非常に多く見られる花粉症やアトピー、その他アレルギーの病気も、免疫システムの両刃の剣のように、心の持ち方によってあらわれてくるものだと思います。

そして、戦後これほどまでにアレルギーの病気が多くなったのは、ただ環境が変化したというだけではなく、戦後の理屈の教育によって、人々の心のあり方が大きく変わったことが、大きな原因の一つだと思うのです。

なにごとも我欲で、自分のことしか考えず、自分の思う通りにならなければ、すべて他人や周囲のせいにして、簡単に人を傷つけたり殺したりするなど、今の世の中は遺伝子をオフにすることばかりです。

これではよい遺伝子のスイッチがオンになりませんので、いろいろな問題がおきてくるのは当然のことです。

遺伝子のオン・オフとストレス

遺伝子がオンになったり、オフになったりするといいましたが、オンが一〇〇パーセントで、オフがゼロパーセントという単純なものではありません。

オンにも二〇パーセントのオン、五〇パーセントのオンがあります。あるいはオフにも四〇パーセントのオフ、七〇パーセントのオフなど、その種類はたくさんあるのです。

よく、糖尿病などの病気は、ストレスが原因であるといわれておりますので、なにか悪いもののように思われがちですが、ストレスにはマイナスのストレスだけでなく、プラスのストレスもあるのです。

マイナスのストレスで血糖値が上がるのであれば、当然、プラスのストレスを与えたら血糖値は下がるはずです。

先ほど述べましたように、遺伝子はオンになって起きている遺伝子と、オフになって眠っている遺伝子があります。

このように遺伝子は環境の刺激によっても、オンになったりオフになったりと、切り替わります。

例えば、火傷をすると、皮膚の細胞の中のある遺伝子が目覚めて、火傷に対抗するたんぱく質を作ります。

また、歩いたり、体操したり、体をマッサージすることなどが健康によいといわれますが、これも適度のストレスにより遺伝子がオンになるからです。

ジャンクDNA

笑いというのは、他の動物には見られない、人間だけに与えられた特徴の一つです。

日本の神話の中にも笑いの場面がよくあり、「天岩戸《あめのいわと》の物語」で、神々が笑ったという有名なお話があります。

また、赤ちゃんがおっぱいをもらうとき、母親に対してにっこり笑うでしょう。この時に母親が赤ちゃんの笑いを拒否したら、その赤ちゃんは失語症になるともいわれています。

このように言葉の前には、まず笑いがあるのです。笑いというのはじつに、人間の特徴をつくる上で大切なものなのです。

ところでよくゲノム（全遺伝情報）が解読されたといわれますが、分かったのは、DNAの全体の三パーセントくらいで、残りの九十七パーセントの遺伝子は、いったい何をしているのかまだ解明されておりません。

この眠っているDNAをオンにすることができるならば、どんなに素晴らしいことかと思います。

前にも述べましたように、人間のDNA（ゲノム）はおよそ三十一億個あるといわれておりますが、そのうち働いている遺伝子は、三万から四万個くらいしかありません。

そのため残りのDNAは、何のために存在するのか分からなかったのですが、最近この無意味なものと思われていた膨大な数のＤＮＡ（ジャンクＤＮＡ）が、遺伝子を活性化させる指令を出すのに、重要な役割を担っていることが分かってきました。

このように、一見むだのように思われるものでも、素晴らしい役割をはたしているものがあるのです。

第三章の「多様性のバランス」のところでもお話ししましたが、この世の中にむだなものなど存在しないのです。

まず自分から認める

自分の仕事を人から認めてもらえば、うれしくなって、どんどんやる気が出てくるように、我々は周囲から認めてもらうと、誰でもうれしい気持ちになります。

それでは、人から認めてもらうためにはどうすればよいのかということですが、私は、周囲の人々、自然の素晴らしさ、神さまや祖先の偉大さ、親のありがたさなどを、まず自分が認めることだと思います。

自分が認めないで、人から認めてもらおうと思っても、それは無理なことです。遺伝子をオンにする一つの方法に、自分以外の素晴らしさをまず認めることがあるのです。

今から三十八億年前にすでに遺伝子があり、そこから生物が現れてきたことは前にもお話ししましたが、三十八億年前に、遺伝子の中に生物を生かす情報を組み込んだ、自然の知恵・神さまの知恵の偉大さを認め、感謝することです。

そうすれば遺伝子が喜び、活性化して、健康で幸せな生活ができると思います。

遺伝子のはたらきと生きる目的

また村上博士は、遺伝子の働きに、what（何を）、when（いつ）、where（どこで）、how（何の目的で）などがあるといわれております。

①what（何を）

どんなホルモン・たんぱく質を作れと命令するのか。

②when（いつ）

赤ちゃんのとき、子供のとき、年頃のとき、厄年のとき、老年のときなど、いつオンになるのか。

③where（どこで）

体の細胞はすべて同じ遺伝子を持っておりますが、場所により、例えば皮膚・臓器・脳など、それぞれ働きが異なります。

④how（何の目的で）

人間はいったい何の目的で、この地球上に誕生したのでしょうか。それはいつもお話しているように、神さまの素晴らしい世界を認め、これを表現させるために、神さまは人間をこの地球上に誕生させられたのだと思っております。

ですから神さまは人間に、他の動物とは全く違ういろいろな特徴を与えられました。それはいつもお話しているように、神さまや祖先に生かされていることに感謝すること、周囲の人々を喜ばせること、自然や神さまの偉大な知恵に感動すること、神さまの世界に一歩でも近付こうと努力すること、などです。

このような人生を送れば、当然神さまの意思にそった生活ですから、遺伝子はオンになると思います。

ところでいま、when（いつ）というお話をしましたが、日本では昔からお宮参り・七五三・成人・厄年など、今でも多くの人々が、神社に参拝し、ご祈禱を受けられておられます。

これは私たちの祖先が、人生の中でもその時期だけに働く遺伝子があるということを肌で知っていて、その時にこの遺伝子を十分に活性化させないと、一生に影響してくるということを経験的に知っていましたので、神社に参拝し神さまに感謝して、遺伝子をオンにしてきたのではないでしょうか。

例えばお宮参りでも、赤ちゃんが生まれて一ヶ月ぐらいたった時にしか活性化しない遺伝子がありますから、そのときに活性化させないと、その赤ちゃんは完全な発育ができなくなるのではないでしょうか。

また、七五三もそうで、子供の非常に活発に成長する時ですから、そのときに十分遺伝子を活性化させなければ、子供は完全な成長ができないのではないかと思います。

子供の成長というと、現在の人は体が大きくなることばかりを考えておりますが、そうではなく、脳をはじめいろいろな臓器が体の中にあるのですから、それが十分に子供の時に発達しなければ、成人になってから、いろいろな病気が現れてきても当然だと思います。

お宮参りや七五三などは、昔からの日本人の習慣でおこなわれて、非科学的だと考える人がおりますが、それはとんでもない間違いで、いかに科学の世の中になろうとも、日本人は祖先からの遺伝子を持っておりますので、現代でもたくさんの子供さんが親に連れられて神社に参拝に来るのです。私はこの姿を見るとき、日本人は素晴らしい民族だなと常に思うのです。

現在は何かというと、男女同権・平等などといいますが、男性と女性とは体の仕組みが違うのですから、当然、男の子・女の子で遺伝子が活性化するときも少しずつ異なり、これが七五三の中にも伝えられているのだと思います。

健康な赤ちゃんの誕生

先日、仕事で北海道の旭川の神社に行く機会があり、そこの宮司さんから面白い話を聞きました。

それは北海道のクマは、冬になると穴の中に入って冬眠をするのですが、冬眠中はもちろん何も食べずに過ごします。

そしてお母さんクマは、この冬眠中に子供を産んでお乳を飲ませ、育てているそうです。自分は何も食べないまま子供を産み、子供を育てていく姿に、親の力の偉大さを思い、ただ驚くばかりです。

やがて春になると、お母さんクマは子供と一緒に穴から出てくるのですが、母グマが一番気をつけなければならないことは、オスのクマから子供を守ることだそうです。オスのクマは、冬眠中何も食べておりませんから、非常にお腹がすいているので、春になって穴から出ると子グマを食べにくるのです。

そして、このオスグマを避ける一つの方法として木登りがあるそうです。子供を木に登らせておけば、オスが近づけませんので、母グマは子グマに木登りの仕方を教えるそうです。

けれども、この時木登りの仕方を覚えられないクマは、一生涯、木に登ることができないということです。

先ほど、人生のある一定の期間だけに働く遺伝子があるとお話をしましたが、木登りの話を聞き、クマもその通りになっているんだなと思いました。

人間も一個の卵細胞から、十月十日で赤ちゃんの体になっていくのでありますから、当然、妊娠中にしか働かない遺伝子の働きによって、赤ちゃんが発育するわけです。この時、遺伝子が活発に活動してくれなければ、赤ちゃんは完全に育たないのではないでしょうか。

現代の若いお母さんは、このような大切なことをまったく知らず、妊娠中もとんでもない生活をしている人がいますが、そのようなことをすれば当然、赤ちゃんは完全に発育できておりませんので、出産後いろいろな問題となって現れてくるのだろうと思います。

また最近は、小さい子供が親の言うことを聞かないとか、食べ物に好き嫌いがあると言うだけで、子供を虐待する事件が起きていますが、これはクマのお母さんにも劣る行為だと思います。

これらはほんの一例にすぎませんが、子供が発育していく、その時だけしか働かない遺伝子がありますので、その時に十分に活性化させてやらないといけないのです。このことを良く知ってほしいと思います。

いま若い人たちは夫婦でも子供を作らず、また、せいぜい少数の子どもしか産みませんので、現在、少子化が問題になっております。

子供は自分たちの意思で作る、と考える若者が多いのですが、これはとんでもない間違いではないでしょうか。

卵子が受精して十月十日で出産しますが、これらは全て神さまや祖先から与えられた遺伝子の働きで行われるものでありまして、その神秘な働きはただただ驚くばかりです。自分の力など、かけらも係わっておりません。

神さまから与えられた子供の発育の遺伝子が、それこそ一〇〇パーセント活性化するように生活をして初めて、健康な子どもを産み育てることができるのです。

それを、五〇パーセント・オンとか、三〇パーセント・オンなどの生活を母親が行なえば、当然健康な赤ちゃんは産まれてこないのです。

日本人は昔から、結婚式を神社の神前で行ない、二人が結ばれる縁を与えてくださったことに感謝し、そして妊娠すれば、丈夫で健康な子供を出産できるようにと、神社にお参りしてきました。そのような姿こそ、丈夫な赤ちゃんを出産できる姿ではないでしょうか。

何でも科学であるとか、医学の知識であるとか、そして自分たちで子供を作るなどという、感謝の心を全く忘れた現在の日本の姿をみる時、これで果たして立派な子供が生まれ育つことができるのかと、いつも日本の国の未来が心配になるのです。

遺伝子と笑いの関係

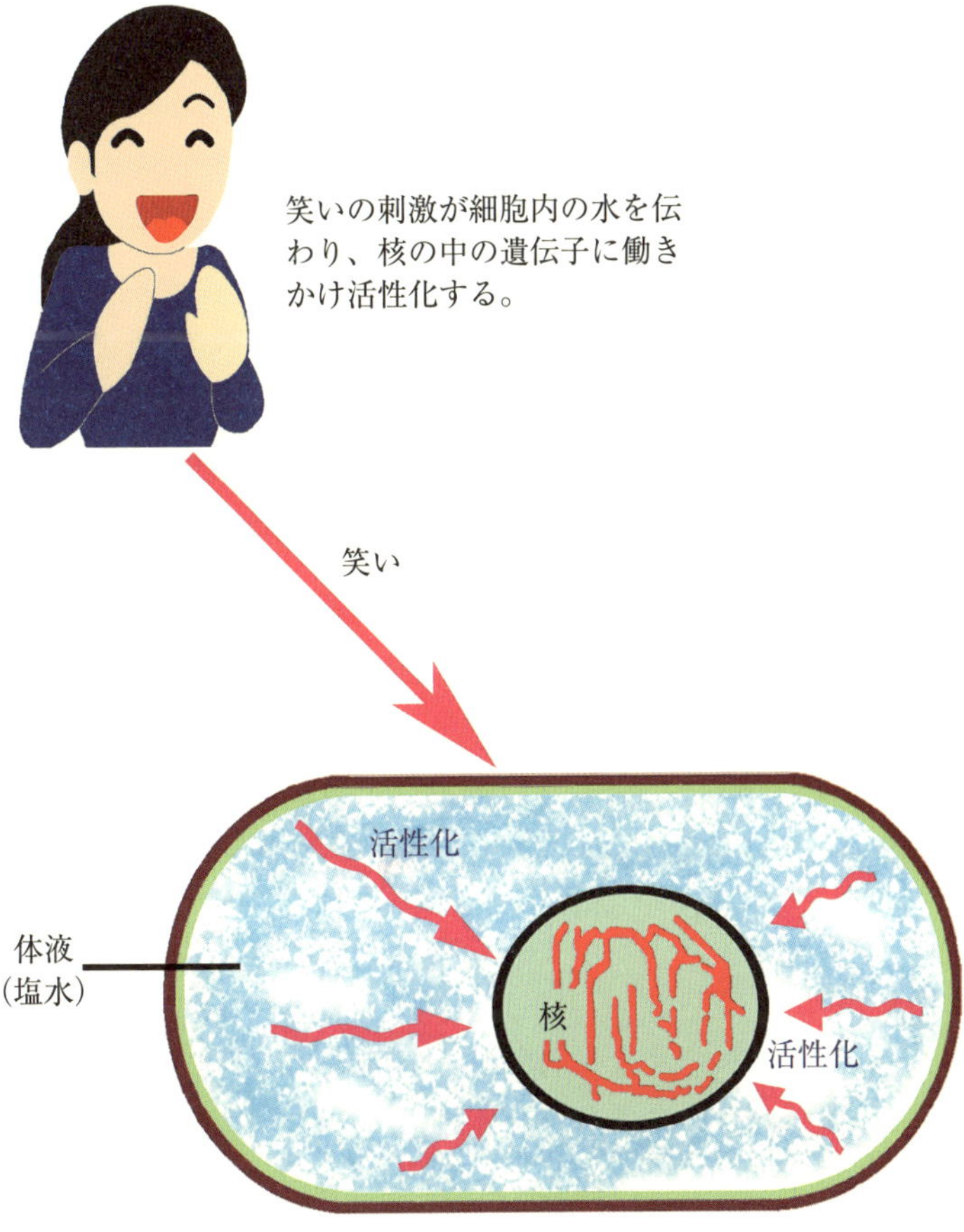
笑いの刺激が細胞内の水を伝わり、核の中の遺伝子に働きかけ活性化する。
笑い
活性化
体液
（塩水）
核
活性化

おわりに——原点からの旅

歴史について

この本では今から一五〇億年前に、宇宙がビックバンという大爆発によって現れたことから、現在までの宇宙の原点の仕組みについてお話ししてきました。

けれども、宇宙のすべての仕組みの原点というのは膨大で、とてもこの本だけで扱えるものではありません。そこで、これからもいろいろなものの原点について研究し、書き継いでいきたいと思います。

ところで、いつもお話ししているように戦後の人たちは、日本の過去の歴史は、すべて戦争につながる悪いものだとか、外国よりも劣っていると考えて、祖先が築き上げてきた素晴らしい日本の歴史を否定するようになりました。

そして、子供たちに外国から入ってきた理屈だけの教育を行なってきましたので、現在の多くの人たちは、理屈でしか物事を考えられないようになりました。これは大変なことだと思います。

例えば毎年八月になると、新聞やテレビなどで広島や長崎の原爆の話がとり上げられ、その悲惨な姿が映し出され、戦争反対と声高に叫ぶ人々の姿が報道されておりますが、私はそれだけでは戦争はなくならないと思います。

宇宙の原点について研究していると、物事が現れるためには、そこに至るまでの歴史、経過が大切だということがわかってきます。

ですから、戦争があったという結果だけを見て反対するのではなく、どのような経過をたどって戦争がおき、悲惨な状態になったのかという歴史を検証しない限り、戦争はなくならないと思います。ただ悪いことだけを罰するだけでは、世の中は良くならないと思うのです。

これは一例に過ぎませんが、マスコミや人々の話していることを聞いていると、すべて結果だけを見て、それについて理屈で良いとか悪いとか言っているだけのように思えるのです。

このような間違いをおこす大きな原因の一つは、日本の歴史を否定したことにあると私は思います。

現在のような日本があるのは、昔からの日本人の歴史の結果であります。日本人がどのようにして日本列島に住み着き、どのような生活を祖先が続けてきたのかなど、このようなことを多くの人が充分に知らないと、日本の国が真に平和で幸せな国になるはずがありません。

外国の影響を受け、自分の国は悪い国であるなどと日本人自身が言っているようでは、幸せな日本の国など現れるはずがありません。

日本人というのは、素晴らしい民族だと私は思っております。それというのも、日本人は日本列島という春・夏・秋・冬の四季のはっきりした環境や、世界でも稀なる恵まれた自然の中で生活しているうちに、人間は自分の力で生きているのではなく、神さまの導きと祖先の恩によって生かされていることに気づき、すべてのものに感謝する生活をしてきました。

また、日本人は外国の人々のように、すべて対立で物事を考えるのではなく、お互いが一つになって共生するという、世界でも稀れなる平和な生活をしてきたのです。日本人は元来、決して争いや戦いの好きな民族ではないのです。

日本人の原点を求めて

日本は大陸にある国々のように、食料になる大きな動物もたくさんいませんでしたので、人々は自然から採れる野菜や海の魚、あるいは山から採れる山菜などを食べて生活してきました。そして国が狭いので、自然から与えられたものを大切にしてきたのです。日本列島は雨が多く降りますが、列島の中央には山脈があり国土が狭いので、せっかく降った雨は、川となって海に流れてしまいます。

その水をどうにかして貯めようとしてきたのが私たちの祖先で、その一つのあらわれが田んぼだと思います。

今の人は田んぼといえば、稲を作るだけのものと考えておりますが、決してそれだけのものではないのです。

戦後、外国から食糧を輸入するようになると減反政策が採られ、田んぼでお米を作るということを、だんだんと行なわなくなりました。

外国から食糧を輸入すれば、日本の国で米などの食料を作らなくても、充分生活できるという考えはまったく間違いです。

田んぼはお米を作るだけでなく、水を蓄えるという大きな役割があるのです。

そして、この田の水がいったん地中に入り、それが巡りめぐって、やがて地表から湧き出て、川となります。そのように水は循環しているのです。

このような経過を経て、自然界のいろいろな栄養分が水の中に入り、日本の水は世界でも有数な素晴らしい水となるのです。

また、この川の水が海に流入すれば、その栄養を求めてたくさんの魚が海岸近くまでやってきて、それを日本人は食料としていたのです。

その祖先の知恵を、ただ目先の利益のために破壊したために、日本の水は汚れてしまい、はるか沖まで行かなければ魚も獲れなくなってしまいました。祖先の知恵を冒瀆した愚かな行為だと思います。

また、日本人は着るものを外国の人のように、動物の毛皮で作るということはせず、木の繊維や蚕などから作ってきましたので、着物というものを非常に大切にしてきました。

私が子供の頃までは、祖母から母へ、母から娘へと、同じ着物が受け継がれてきました。それなのに、現代の若者の服装の乱れは、目を覆うばかりです。

このように、水と着物を大切にした民族でありますので、神話の「天岩戸《あめのいわと》の物語」にあるように、天照大神《あまてらすおおみかみ》は弟の素盞嗚命《すさのおのみこと》のいろいろな乱暴な行ないは我慢されましたが、素盞嗚命が田んぼを壊したということと、機《はた》を織っている女性のところに、死んで皮をはがれた獣を投げたということには非常に怒られて、天岩戸にお隠れになり、世の中は真っ暗になったというのです。

これはまさしく現代のことを現しているように思えてなりません。どうか、理屈だけで物事を考えるということをやめて、すべて原点に立って、その歴史から現在があるということを考えていただきたいと思います。

日本人は昼と夜ではなく、それを結ぶ夕方と朝方に、神さまの姿を見て、夕日や日の出をおがんだのです。もう一度、日本人の原点に返っていただきたいと思います。

これらはほんの一例に過ぎませんが、また次の本でも宇宙の原点、そして日本人の原点について書いていきたいと思います。

最後になりましたが、本書の刊行に際し、春秋社社長の神田明氏、編集部の佐藤清靖氏はじめ、多くの方々にご尽力いただきました。記して謝意を表します。

平成十八年八月吉日

葉室頼昭

第二刷より本文の図版の構成を変更しました。

著者略歴

昭和２年　東京に生まれる
昭和28年　学習院初・中・高等科をへて、大阪大学医学部卒業
昭和30年　大阪大学医学部助手
昭和33年　医学博士
昭和38年　大阪市大野外科病院長
昭和43年　葉室形成外科病院を開業
平成３年　神職階位・明階を取得
平成４年　枚岡神社宮司
平成６年　春日大社宮司
平成11年　階位・浄階、神職身分一級を授けられる
平成21年１月、逝去
著　　書　『〈神道〉のこころ』『神道と日本人』『神道　おふくろの味』
『神道　見えないものの力』『神道　感謝のこころ』
『神道〈いのち〉を伝える』『神道　いきいきと生きる』
『神道〈徳〉に目覚める』『神道　夫婦のきずな』
『心を癒し自然に生きる』『神道と〈うつくしび〉』
『神道と〈ひらめき〉』『神道〈はだ〉で知る』
ＣＤブック『大祓　知恵のことば』（以上、春秋社）
『御力』（世界文化社）『にほんよいくに』1～5（冨山房）

神道と〈ひらめき〉
二〇〇六年一〇月三〇日　第一刷発行
二〇二二年五月三〇日　第五刷発行
著　者　葉室頼昭
発行者　神田　明
発行所　株式会社春秋社
東京都千代田区外神田二-一八-六（〒一〇一-〇〇二一）
電話〇三-三二五五-九六一一
振替〇〇一八〇-六-二四八六一
https://www.shunjusha.co.jp/
印刷所　萩原印刷株式会社
装　丁　本田　進
定価はカバー等に表示してあります
2006 © ISBN 4-393-29921-3

◇ 葉室頼昭の本 ◇

〈神道〉のこころ〈新装〉

春日大社の宮司が〈自然〉からのメッセージを贈る注目と感動のインタビュー集。一六〇〇円

神道と日本人〈新装〉
不安と混迷の滅びの現代に古来からの〈神道〉に関わる生き方を語る注目の書。一六〇〇円

神道 見えないものの力〈新装〉
神道のこころに目覚め、〈見えないものの真実の力〉を日本人に伝える人生の書。一六〇〇円

神道〈いのち〉を伝える〈新装〉
いのちとは何か？ いのちの真実をすべての日本人に訴え、語り尽くす注目の書。一六〇〇円

神道〈徳〉に目覚める〈新装〉
〈いのち〉と〈教育〉の真実に触れることで〈本当の幸せ〉の生を示す刮目の書。一六〇〇円

神道 心を癒し自然に生きる〈新装〉
医学博士の宮司が、西洋医学の経験を踏まえて〈共生〉と〈癒し〉のこころを語る。一六〇〇円

大祓 知恵のことば CDブック
声に出して無我のこころで唱えよう。心と体を癒す祝詞、大祓のこころを語る。二〇〇〇円

価格は本体価格です。